肥胖大学生运动后心率变异性的特征研究

王一民 刘璐 向政坤／著

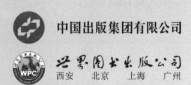

中国出版集团有限公司

世界图书出版公司
西安 北京 上海 广州

图书在版编目（CIP）数据

肥胖大学生运动后心率变异性的特征研究／王一民
著 . -- 西安：世界图书出版西安有限公司，2024.6 .
（学术文库）. -- ISBN 978-7-5232-1350-6

Ⅰ . G804. 21

中国国家版本馆 CIP 数据核字第 2024D3B200 号

书　　名	肥胖大学生运动后心率变异性的特征研究	
	FEIPANG DAXUESHENG YUNDONGHOU XINLÜ BIANYIXING DE TEZHENG YANJIU	
著　　者	王一民　刘　璐　向政坤	
责任编辑	李江彬	
装帧设计	新纪元文化传播	
出版发行	世界图书出版西安有限公司	
地　　址	西安市雁塔区曲江新区汇新路 355 号	
邮　　编	710061	
电　　话	029-87214941　029-87233647(市场营销部)	
	029-87234767(总编室)	
网　　址	http://www.wpcxa.com	
邮　　箱	xast@wpcxa.com	
经　　销	全国各地新华书店	
印　　刷	西安金鼎包装设计制作印务有限公司	
开　　本	787 mm × 1092 mm　　　1/16	
印　　张	12.5	
字　　数	260 千字	
版　　次	2024 年 6 月第 1 版	
印　　次	2024 年 6 月第 1 次印刷	
国际书号	ISBN 978-7-5232-1350-6	
定　　价	68.00 元	

近年来，心血管疾病与心源性猝死等心脏问题趋于年轻化，其多发人群为运动不足的肥胖、超重和偏瘦人群。调查研究发现，超重肥胖在冠心病发病危险因素中占比32%。心血管疾病与心源性猝死的重要预测因子"心率变异性"，目前已经被广泛应用于体育等领域，为探究运动中出现的心源性猝死等一系列问题，本研究以运动不足的肥胖和超重大学生为研究对象，对其急性运动前后心率变异性进行比较研究，探讨不同身体质量指数人群在急性运动前后心脏自主神经功能的变化。

国内外研究表明，体重过大可能会引发身体的各种疾病，如糖尿病、高血压、骨关节炎、哮喘和慢性疾病等。人体的身体活动以及健康状况在很大程度上受到自主神经的支配，如果自主神经长期处于不平衡状态情况下，将会导致内脏功能出现紊乱的现象，甚至伴有心脏疾病风险，使得身体健康出现问题。肥胖主要是破坏了自主神经功能的平衡性，从而引发相关心血管疾病，已经有相关研究证实了很多疾病的发生与自主神经功能密不可分。

大量研究表明，肥胖患者普遍存在自主神经功能障碍，主要影响交感神经和迷走神经的平衡性，长期的失衡会增加患者心血管疾病和运动猝死等风险。近年来，我国体育活动中出现了许多突发事件，这些事件的发生与其自身神经功能和运动能力的降低有很大关系。运动猝死在近几年大学生身体素质测试和运动会中屡见不鲜，运动猝死很大程度上是由心血管系统问题造成的，为避免在运动中频繁发生运动猝死现象，大学生就必须具备一定的运动能力并且改善自身的肥胖程度，这样才能够预防运动中的突发事件，尤其是运动猝死现象。

心率变异性（heart rate variability, HRV）被广泛应用于自主神经功能的相关研究，具有高效、无创和敏感等特点，是目前评定自主神经（autonomic nervous system, ANS）功能和状态的主要生理指标之一。HRV 含有丰富的心血管调控信息，通过对些信息进行提取与分析，可以对交感神经和迷走神经的活性进行量化评价。通过对 HRV 指标的测量，能够了解交感神经和迷走神经在心脏活动中的平衡与协调，能够判定自主神经功能的障碍，在评估运动风险中具有重要的应用价值。本研究比较了正常组、超重组和肥胖组大学生在安静状态下和无氧运动后即刻 HRV 的变化，观察三组大学生的 HRV 差异，探究肥胖程度和运动负荷对 HRV 的影响，以期 HRV 的相关指标能够作为衡量大学生运动风险的重要影响因子，为科学地进行体育锻炼和指导体育活动实施提供相应的理论依据。

基于上述背景，研究不同身体质量指数的大学生在安静状态、无氧运动后即刻自主神经功能障碍和心率变异性指标的变化是有价值的。该研究有助于大学生了解自己在安静状态和运动后即刻的自主神经功能状态，学校也能获得更多关于大学生在安静状态和运动后即刻的数据表现，为体育运动和测试提供了更安全的保障。同时，通过对不同身体质量指数的大学生心脏自主神经功能的比较研究，可以反映出异常体重对人体心脏功能的影响，以及自主神经功能在安静和运动状态下对心脏控制能力之间的差异。

通过分析正常组、超重组和肥胖组在安静状态、有氧运动后、无氧运动后即刻的 HRV 变化特征，评价不同身体质量指数的大学生身体的应激状态、在运动后即刻自主神经功能对心脏的控制能力变化特征以及肥胖对 HRV 的影响。同时，对肥胖程度进行 HRV 的测量和相关分析，可对其运动风险进行科学的评估，降低在运动中发生猝死及其他相关运动事故的风险，为大学生制定合理运动方案提供依据。另外，通过比较正常组、超重组和肥胖组在运动前后 HRV 的差异，间接分析身体质量指数是否能够影响自主神经功能对心脏的控制能力，探讨身体质量指数对自主神经功能的影响，从而指导 BMI 异常的大学生通过运动和饮食干预恢复正常，以实现提高运动能力、塑造身体形态和维护身心健康的目的。

本研究由王一民策划设计，组织协调。写作分工是：第一篇由王一民（陕西师范大学）完成，第二篇由刘璐（盐城市盐渎实验学校）完成，第三篇由向政坤（成都市实验小学）完成。同时，池爱平、高立权、樊碧远、吴庆良在本书的撰写过程中也做了大量的工作，在此向他们表示感谢。

由于作者水平所限，书中难免存在疏漏之处，敬请专家、读者指正。

王一民

2023 年 10 月 8 日

Contents 目 录

第一篇 概 论

第三篇　BMI 与 Wingate 方案运动对大学生 HRV 变化影响的实验研究

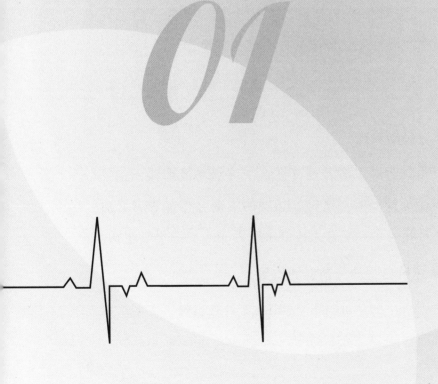

第一篇

概　论

01

本篇研究概要

一、研究目的

便于大众群体深入了解超重肥胖、体重不足及运动不够等原因，引起学生心血管等方面疾病多发的现状。研究试图通过心率变异性与运动之间的关联研究，把心率变异性生理指标作为评价运动风险的指标，为不同身体质量指数的运动群体提供运动方案指导。

二、研究方法

通过文献资料法对相关文献进行梳理分析，全面了解不同BMI运动之后心率变异性变化情况，并明确相关概念。

三、研究结果

（一）肥胖与运动猝死

大量研究表明，肥胖患者普遍存在自主神经功能障碍，主要影响交感神经和迷走神经的平衡性，长期的失衡会增加患者心血管疾病和运动猝死等风险，危害人体健康，影响人们的正常生活。

（二）HRV评价自主神经功能的作用

心率变异性（heart rate variability，HRV）具有高效、无创、敏感等特点，是目前评定自主神经系统（autonomic nervous system，

ANS）功能和状态的最好方式。通过对 HRV 指标的测量，能够了解交感神经和迷走神经在心脏活动中的平衡与协调，可以判定自主神经功能的障碍，在评估运动风险上具有重要的研究价值。

（三）HRV 变化的生理学机制

一般认为在正常生理条件下，每搏间期是不相同的，其原因在于心自主神经的控制与协调。在正常情况下，PNS 和 SNS 是通过相互的拮抗作用，双重调节心率的变化、RR 间期的变化，以此达到心自主神经的平衡状态，一旦这种平衡状态被打破，将会导致心自主神经的功能障碍，从而引发心率失常等，此即运用 HRV 分析心自主神经系统的生理学基础。

四、研究结论

HRV 作为监测运动风险的指标，其常用的分析方法有三种：时域分析法、频域分析法、非线性分析法。无论是何种分析方法，都必须建立在一段时间内的心电信号基础上，其记录时间一般为 5min 或 24h。

五、本研究的主要概念

（一）HRV

（二）时域分析法

（三）频域分析法

（四）非线性分析法

（五）身体机能

第一章
研究背景

本篇运用文献资料方法，梳理了不同方案运动对不同BMI大学生的HRV变化影响的研究。

第一节
研究的必要性

一、大学生普遍存在肥胖和体质健康问题

21世纪，中国经济的高速发展，社会竞争越来越激烈，学生学业压力增大，由此导致学生肥胖率持续上升，超重人群更是数不胜数，肥胖率每五年增加2%~3%，学生体质下降，党和国家高度重视学生健康问题，相继颁布了一系列重要文件强调学生身心健康问题，学生体质健康问题逐渐成为社会舆论的焦点。

国务院办公厅发文强调要以体育促进学生身心健康发展[1]，教育部和国家体育总局也共同强调要重视青少年身心健康，切实提高青少年身体素质，增强体质，进一步加强学校体育工作[2]。由此体育在教育中的地位至关重要，体育课作为大学生参与运动的一种重要方式，深深地影响着学生的生活、学习。然而，由于

超重肥胖、体重不足及运动不足等原因，学生心血管等方面的疾病多发，引起了国家和社会的高度重视，针对大学生肥胖、体重不足、体质健康下降及运动不足等问题所引起的心脏自主神经变化进行研究。而心率变异性作为评价运动风险的指标，通过将心率变异性与身体质量指数相结合，为不同身体质量指数的学生提供运动指导。

大学生肥胖与身体健康问题是当今社会普遍关心的问题，由于生活水平和物质条件的改善，学生不健康的饮食习惯，加上没有良好的运动习惯，导致身体素质急剧下降和出现大面积的肥胖现象。大学生是新世纪发展的生力军，要求他们既要具有扎实的专业知识，又要有健康的体魄。据 2018 年大数据显示，目前我国的肥胖大学生人数已经超过 7000 万，其中超重大学生的数量已经超过了 2 亿[1]。根据国家卫计委的数据，中国肥胖率由 1992 年的 3% 增至 2015 年的 12%；目前，我国的肥胖率和超重人口已达 4.4 亿，肥胖者的数量和增长速度已居全球前列[2]。

二、体育锻炼科学指导不够

近几年来，我国高校学生的身体状况和体质测试呈现出明显的下降趋势，根据国家体育总局和教育部近期发布的国家体育总局的统计，发现有 50% 以上的大学生缺乏体育锻炼，而身体素质达标率为 65%[3]。从 1985 年到 2014 年，对其中七次全国大学生体质与健康调查报告中的指标进行了整理、归纳和分析，发现在过去的三十多年中，我国高校学生体重呈上升趋势，肺活量却一直在降低，50m、800m、1000m 跑成绩不断下降，只有立定跳远和坐位体前屈成绩相对稳定。据调查显示，绝大部分大学生不喜欢主动参加体育活动，喜欢在课余时间沉迷网络和追网剧，仅为每周一节的大学体育课程教学，根本无法达到提高大学生体质健康的目的。只有通过教育与引导，加强对学生体育锻炼科学的指导，进一步提高学生对身体健康重要性的认知，才能调动学生主动参加体育锻炼的积极性。

第二节
肥胖与运动猝死

国内外研究表明，体重过大可能会引发身体的各种疾病，例如糖尿病、高血压、骨关节炎、哮喘和慢性疾病等[4]。全球疾病负担显示自 1990 年以来，高 BMI 不断增加疾病的负担，1990 年到 2017 年，高 BMI 导致的死亡率几乎增长了一倍[5]。人体的身体活动状态以及健康状况在很大程度上受到自主神经的状态支配，自主神经长期处于不平衡状态情况下，会导致内脏功能出现紊乱的现象，甚至伴有心脏疾病风险，使得身体健康出现问题。肥胖主要是破坏了自主神经系统活性从而引发相关心血管疾病，已经有相关研究证实了很多疾病的发生与自主神经活动密不可分。因此，我们可以看出身体的肥胖程度的确影响着人体的健康，并且容易引发相关疾病。

大量研究表明，肥胖患者普遍存在自主神经功能障碍，主要影响交感神经和迷走神经的平衡性，长期的失衡会增加患者心血管疾病和运动猝死等风险，危害人体健康，影响人的正常生活。近年来，我国体育活动中出现了许多突发事件，这些事件的发生与其自身神经活动和运动能力的降低有很大关系。据统计，每年有 55 万人因心脏疾病而猝死，并且每年有越来越多的年轻人因运动而死亡[6]。体育猝死在近几年大学生身体素质测试和运动会中屡见不鲜，2013 年南京某高校一名男生在 1000m 跑过程中猝死；2010 年上海某高校一名男生在打篮球过程中猝死；及 2012 年武汉某高校一名男生在体质测试中猝死；广州某高校一名女生在足球课上突发心梗猝死；华东政法大学一名女大学生在晚间锻炼时发生猝死[6]。频频发生的大学生运动猝死事件，提醒我们注重大学生的体育开展和体质测试。运动猝死在很大程度上都是由心血管系统问题造成的，要避免在运动中频繁发生的运动猝死现象，学生就必须具备一定的运动能力并且改善自身的肥胖程度，这样才能够预防运动中的突发事件，尤其是运动猝死现象。所以，在运动中去预防和减少学生运动猝死事件的发生具有非常重要的社会和现实意义。

第三节
HRV 评价自主神经功能的优势

心率变异性（heart rate variability，HRV）被广泛应用于自主神经功能的研究中，具有高效，无创，敏感等特点，是目前评定自主神经系统（autonomic nervous system，ANS）功能和状态的最好方式。HRV 信号含有丰富的心血管调控信息，通过对这些信息进行提取与分析，可以对交感神经和迷走神经的活动进行量化评价，迷走神经是 HRV 的主要调控因子。通过对 HRV 指标的测量，能够了解交感神经和迷走神经在心脏活动中的平衡与协调，可以判定自主神经功能的障碍。HRV 降低作为一种能预测心脏病患者死亡的风险因子，在评估运动风险上具有重大的研究价值。通过查阅资料了解到，肥胖患者的 HRV 会降低，主要特征是交感神经和迷走神经活性下降，而交感神经则是占主导地位，这就说明肥胖人群出现心脏疾病的几率大大提高。在本次实验中，比较了正常组、超重组和肥胖组大学生在静息状态下和无氧运动后即刻 HRV 值的变化，观察三组大学生的 HRV 差异。探究肥胖程度和运动负荷对 HRV 的影响，以期能将 HRV 的相关指数作为衡量大学生运动风险的重要指标，为科学地进行体育锻炼和指导体育活动实施提供相应的理论依据。

基于上述背景，可以确定研究不同身体质量指数的大学生在安静状态、无氧运动后即刻自主神经系统功能障碍和心率变异性指标的变化是有价值的。该研究有助于学生了解自己在安静状态和运动后即刻的自主神经系统的状态，学校也能获得更多关于学生在安静状态和运动后即刻表现的数据，从而科学地指导学生以更安全的方式进行运动和体育测试。同时，通过对不同身体质量指数的大学生心脏自主神经系统功能的比较研究，可以反映出异常体重对人体心脏功能的影响，以及自主神经系统在安静和运动状态下对心脏的控制能力间的差异。

第二章
研究目的、意义与选题依据

第一节
研究目的

超重、肥胖都不是健康的身体状态，都可能会引起身体出现不适；超重对日常生活和运动没有太大影响，但是如果不及时引起重视就很可能导致肥胖；而肥胖易诱发多种疾病，例如高血压、脂肪肝、冠心病、糖尿病等身体疾病。因此，要想大学生的体质达到真正健康的状态，保持身体质量指数在正常的范围内是非常重要的；其次，应该鼓励学生积极锻炼，树立良好的健康理念和意识。

本次研究选取陕西师范大学大一、大二的 42 名男生为实验对象，通过 BMI 划分为正常组、超重组、肥胖组，采用 Wingate 无氧功率自行车进行 30s 无氧运动能力测试。目的是探索正常组、超重组和肥胖组，在安静状态下以及运动后恢复的 HRV 变化的特征。首先纵向对比正常组、超重组和肥胖组在运动前后 HRV 指标的变化，可以分析出无氧运动对不同组自主神经活性的影响；其次通过横向对比正常组、超重组和肥胖组在运动前安静状

态下的 HRV 特征及运动后恢复过程 HRV 的恢复情况分析三组实验对象在运动前和运动后时间段的 HRV 特征具体的差异，进而探讨身体质量指数对无氧运动能力的影响以及心脏神经控制功能的影响，以对比出非正常体重组和正常组在测试前后的具体差异性。研究肥胖程度对心率变异性的影响，以此激励超重和肥胖的同学加强体育活动和身体锻炼，进行相应的减脂，以达到最佳的身体状态，提高大学生总体身体素质和良好形态。

第二节
研究意义

通过研究和分析正常组、超重组和肥胖组安静状态下、无氧运动后即刻的 HRV 的变化特征，评价在安静状态下不同身体质量指数的大学生身体的应激状态、在运动后即刻自主神经系统对心脏的控制能力变化特征以及肥胖对 HRV 的影响。通过肥胖程度进行 HRV 的评估，可对其评估运动风险，防止其运动中发生猝死及其他相关运动事故，为大学生制定合理运动方案和指导健康锻炼提供依据。对运动方案的制定和运动风险的防控具有重要现实意义，并能针对学生的实际情况，合理安排体育活动；另外，通过比较正常组、超重组和肥胖组在运动前后 HRV 的差异，间接分析身体质量指数是否影响自主神经系统对心脏的控制能力，探讨身体质量指数对神经功能的影响。从而希望引起非正常组大学生关注与重视，以通过运动和饮食达到健康的身体状态，提高运动能力，塑造身体形态，提高当代大学生整体素质。对激励大学生科学运动和体重控制有重要意义。

第三节
选题依据

近年来，心血管疾病与心源性猝死等心脏问题趋于年轻化，其多发人群为运动不足的肥胖、超重与偏瘦者。中国肥胖问题工作组调查发现，超重肥胖在冠心病发病危险因素中占比32%。心血管疾病与心源性猝死的重要预测因子：心率变异性，目前被广泛应用于体育等领域，为探究运动中出现的心源性猝死等一系列问题，本研究以运动不足的超重、偏瘦大学生为研究对象，对其急性运动前后心率变异性进行比较研究，探讨不同身体质量指数人群急性运动前后心脏自主神经功能的变化。由于心率变异性操作上的便捷性与无创性，被广泛应用于体育运动与人体健康方面的研究中。

第三章
身体质量指数与身体机能

第一节
身体质量指数

身体质量指数（body mass index，BMI），是通过身高与体重的关系来反映人的健康肥胖状况的指标，其计算公式为体重（kg）/身高^2（m）[5]，由于其操作测量的简易性及其计算方法的简便性，所以 BMI 是目前被广泛应用于评价肥胖的指标之一，但由于人种、人群的不同，其数值对于评价肥胖标准也有所不同。研究发现，BMI 并不适用于每个人，对于婴幼儿、青少年、力量训练、孕乳期、老人等人群并不适用，其指标不能准确反映身体的健康肥胖状况。但对于正常成人，其指标具有较大的参考意义。此外由于人种之间的差异，BMI 值之间也存在较大的差异，黄种人与白种人属于不同的人种，欧美人则属于白种人，亚洲人属于黄种人，世界卫生组织（WHO）根据 BMI 值所制定的肥胖、超重、体重不足等标准是以欧美国家人群的数据为基础进行研究制定的，其标准对于亚洲人来说并不适用。因此 BMI 值标准除了 WHO 所制定的标准以外，中国肥胖问题工作组在 2003 年制定了一套适用于中国人的标准（表 1-1），在本研究的实验对象分类中，将采用中国标准[5]。

表 1-1　BMI 分类标准

	WHO 标准	中国标准
偏瘦	< 18.5	< 18.5
正常	18.5~24.9	18.5~23.9
超重	25.0~29.9	24.0~27.9
肥胖	30.0~34.9	≥ 28.0

第二节
身体机能

身体机能是指人整体的器官、系统和组织等共同所表现出的人的生命力，其包括呼吸系统、心血管系统、消化系统、运动系统等。大学生身心发育基本成熟，其身体素质、身体机能各项指标基本处于巅峰时期，但是随着现代科技的快速进步、发展以及学生高中、大学时段的升学、就业压力等，身体素质呈现持续下降趋势，身体素质的下降与身体机能有直接关系，身体机能与身体健康肥胖状况直接相关，BMI 作为目前评价肥胖的常用判断标准，有学者根据 BMI 的分类标准，对 BMI 与身体机能及身体素质之间的关系进行了研究。邱烈峰、肖爽等人研究发现，BMI 与大学生的肺活量、握力、立定跳远、仰卧起坐等身体素质呈现负相关性，即 BMI 越大，身体素质越差[7]。李静通过 50m、铅球、800m（女）、1000m（男）、立定跳远、引体向上（男）、仰卧起坐（女）等项目对不同 BMI 的大学生进行测试研究发现，对于正常与超重肥胖人群而言，BMI 值越高，身体素质越差[8]，如同在体育教学中常见的较胖的同学运动能力较差，运动后就会气喘吁吁。身体素质的下降与身体机能有直接关系，王梅对我国成年人身体机能研究发现，随着 BMI 的升高，其安静脉搏、血压、肺活量、肺活量 / 体质量等身体机能呈现下降趋势[9]。通常来说，BMI 较高的人，体脂率也会较高，冯鑫研究发现体脂率与男女大学生 BMI、运动系统、循环系统、呼吸系统、能量代谢等相关指标呈现显著相关性[10]，其研究所针对的人群是正常及超重人群，目前未有针对偏瘦人群身体机能的研究，关于低 BMI 与身体机能、素质的关系还有待进一步研究。

从以往学者的研究中发现，BMI 与身体机能、身体素质之间存在密切关系，即随着 BMI 的升高，身体素质及身体机能指标下降。由于 BMI 的升高，所造成的身体素质及身体机能指标下降，在运动过程中及运动后必然会给心脏自主神经造成一定的影响，本研究将根据 BMI 的中国分类标准，对不同身体质量指数的大学生运动前后心脏自主神经的变化进行研究。

第四章
运动与 HRV 研究概况

第一节
心率变异性概述

一、HRV 的定义

HRV 作为判断心脏自主神经功能的指标，其通过逐次心搏间期的差异，即每次心动周期时间上的差异，由此判断心自主神经系统的平衡状态。在 20 世纪 60 年代，HRV 的研究得到临床肯定，自此以后，关于 HRV 相关性的研究在临床上不断被研究、利用，在一定时期内得到了一定的发展。首次提出心梗后死亡率风险高低与 HRV 有关的人是 Wolf，并于 80 年代被证实。其应用研究首先是在医学领域展开，后因为测试方法的优势及体育的快速发展，被广泛应用于体育各科的研究中。

HRV 是反映逐次心跳之间的差异，其中所含有的神经体液等因素，包含了心脏自主神经（Autonomic nervous system, 简称 ANS）的信息，其能够反映心脏自主神经的调节状况[3]，受到交感神经（Sympathetic nerve，简称 SNS）与副交感神经（Parasympathetic nerve, 简称 PNS）的双重调节，HRV 作为一个

可量化的指标，加之操作的便捷性与无创性，被广泛应用。目前对于 HRV 常用的分析方法有时域分析法、频域分析法和非线性分析法。

在运动与 HRV 实验研究中，运动干预常用的运动模型为有氧运动干预，急性运动常用的运动模型为递增负荷运动，递增负荷运动中常用到的运动方案有 Bruce 跑台、自行车递增负荷运动、Ellestad A、B 运动方案。对于急性运动而言，Wingate（温盖特）无氧测试方案，递增负荷运动能够较好地调动机体的生理机能，用于测试心肺功能。

在递增负荷运动试验过程中，随着运动负荷的逐渐增加，机体的需氧量也会随之增加，由此机体内部也会产生一系列的变化，如心率上升、血压升高、呼吸急促、气体代谢速度加快等一系列的生理变化也会随之而来。通过递增负荷运动试验可以评定机体的循环情况，机体利用氧气及二氧化碳的排出情况，从而判断心肺功能及负荷能力[4]。

针对普通高校大学生肥胖超重与体重不足人数增加以及在运动中出现的心源性猝死一系列问题等，本研究按照身体质量指数分组，对低体重、正常和超重大学生在一次性递增负荷运动下的 HRV 进行比较研究，分析不同身体质量指数人群急性运动中自主神经功能的变化。为不同身体质量指数大学生及体育教师科学合理地制定运动方案提供依据，监控运动中的潜在风险，保障学生的身心健康。

第二节
HRV 变化的生理学机制

从 HRV 的定义角度出发，分析 HRV 的生理学基础，一般认为在正常生理条件下，每搏间期是不相同的，其原因在于心自主神经的控制与协调。心自主神经作为自主神经系统的分支，其活动是不以人类意志的转移而转移，ANS 由 SNS 和 PNS（迷走神经）组成，在正常情况下，PNS 和 SNS 是通过相互的拮抗作用，双重调节心率的变化、RR 间期的变化，以此达到心自主神经的平衡状态，一旦这种平衡状态被打破，将会导致心自主神经的功能障碍，从而引发心率失常等，此即运用 HRV 分析心自主神经系统的生理学基础。由其生理学机制分析可知，HRV 反映了心自主神经的活动，通过对 HRV 相关指标的定量分析，判断 ANS 的平衡状态，以及 PNS 和 SNS 对心血管活动的影响。从自主神经系统内部，对其进行分析，SNS 和 PNS 的兴奋受到神经末梢递质的影响，SNS 受兴奋性神经递质的影响，而 PNS 受抑制性神经递质的影响。SNS 末梢释放兴奋性神经递质：去甲肾上腺素，其释放通过作用于受体、传导等引起心脏兴奋，同时外界环境等因素也会影响去甲肾上腺素的分泌，如情绪激动、运动，特别是运动，能够在很大程度上影响去甲肾上腺素的分泌，从而心率加快，心脏兴奋。

心迷走神经处于心内膜下，由于其位置原因，PNS 兴奋，其神经末梢将会释放大量抑制性神经递质：乙酰胆碱，其释放后作用于受体，通过传导等作用于心脏，它对心脏起到抑制作用，从而心率降低，使心脏处于抑制状态。

安静状态下，SNS 与 PNS 相互拮抗，处于一种动态平衡状态，但仍然是 PNS 占主导地位，受到外界环境因素的影响，其神经递质的释放会发生变化，如去甲肾上腺素分泌增加，SNS 兴奋，占据主导地位；乙酰胆碱分泌增加，PNS 占据主导地位。不管是何种神经递质分泌增加，交感神经与迷走神经的平衡状态都会发生改变，HRV 发生变化，从而引起心脏的变化。研究表明，体重等因素也会影响 HRV，其研究文献梳理详见表 2-7。

第三节
HRV 的分析方法

HRV 作为监测运动风险的指标，以及目前的广泛应用，其常用的分析方法有三种：时域分析法、频域分析法、非线性分析法。无论是何种分析方法，其必须建立在一段时间内的心电信号基础上，其记录时间一般为 5min 或 24h。

一、时域分析法

时域分析法其临床应用早，且计算方法简单，是利用统计学

的方法（离散趋势分析法、几何模型法），对 HRV 信号所得的
RR 间期进行统计分析，得出一系列的结果作为指标用来反映交
感神经、迷走神经以及 RR 间期的变化（表 1-2）。本研究主要
采用 SDNN、RMSSD、PNN50 等时域指标。

表 1-2　时域指标及其生理意义

时域指标	名称	单位	生理意义
SDNN	正常 RR 间期标准差	ms	表示心率变异性的大小
RMSSD	相邻 RR 间期差值均方根	ms	表示 RR 间期的离散程度，其变化主要反映迷走神经的变化，与频域指标 HF 相关
PNN50	相邻 RR 间期差 > 50ms 的次数占总心跳次数的百分比	%	反映心率变异的快变化，与迷走神经的张力有关
SDSD	全部 RR 间期差值的标准差	ms	反映心率变异的慢变化，与迷走神经的变化有关
SDNNindex	标准差均值	ms	反映（5min）心率变异的程度
SDANN	均值标准差	ms	反映心率变异的慢变化

二、频域分析法

频域分析法又被称为功率谱分析法，顾名思义是将采集的心电
信号转换为数字信号，对其心率变化通过傅里叶转换法进行频率转
换，从而得到心率功率谱，其能够在比较细致、微小的方面捕捉
到心脏自主神经的变化，在某些方面弥补了时域分析法的不足，
两者并用相辅相成，但频域分析法易受各种人为因素的影响。其
频域指标也可用来反映交感神经、迷走神经以及 RR 间期的变化
（表 1-3），本研究主要采用 VLF、LF、HF、LF/HF 等频域指标。

表 1-3 频域指标及其生理意义

频域指标	名称	单位	生理意义
TP	总功率	ms^2	其频率面积的大小，表明 HRV 的大小
VLF	极低频谱功率	ms^2	与交感神经张力有关
LF	低频谱功率	ms^2	受交感神经影响
HF	高频谱功率	ms^2	与迷走神经的张力有关，受呼吸影响
LF/HF	低频段与高频段功率之比	ms^2	反映交感神经与迷走神经的均衡性

三、非线性分析法

非线性分析法是建立在非周期混沌力学基础上的一种分析方法，其所涉及的数学运算较为复杂，目前对于非线性分析法所常用的是 Poincare 散点图法，利用坐标系对 RR 间期进行非线性分析，由于其运算较为复杂，应用较少，目前常用的指标有：① SD1，与 PNS 张力有关，其变化主要反映了 PNS 对心脏的调节；② SD2，反映了 PNS 和 SNS 对心脏的综合调节。

四、HRV 的相关概念及应用

HRV 是指逐次心跳间的时间变化差异，表现为相邻心跳之间周期发生的细微变化，常用于评价交感和迷走神经的状态和相互作用情况，从而预防和判断心血管疾病发生。它是检测心脏自主神经张力的一种方法[9]。1978 年 Wolf 首次提出 HRV 的概念，在研究发现心脏的每搏间期（即 R–R 间期）之间存在着微小的差异，这种差异需要通过计算机进行检测，并将其命名为"HRV"，这一发现也否认了人们一直认为心脏每搏间期是完

全一样的观念 [10]。HRV 信号中蕴含了许多有关于心脏自主神经控制的信息，提取相关信息并进行分析，可以对交感神经和迷走神经的平衡进行量化评估，对于 HRV 的分析有重要意义。

　　HRV 测试具有无创性和定量性的特点，并且能够对自主神经进行定量分析，如今被广泛的用于体育研究、临床医学和心血管研究等领域。在体育领域方面，HRV 已经被广泛应用于运动训练、运动康复和体育卫生保健等各个方面 [11]。在运动训练方面，通过 HRV 来判断运动训练对自主神经系统功能的影响，还可以评估运动员的运动能力和身体状态，研究运动表现与自主神经的关系；在运动康复方面，主要用于分析自主神经的改善情况，监控恢复水平；在体育卫生保健方面，主要应用于诊断运动疾病和预防运动损伤。对于专业运动员，HRV 还可以用于评价运动员比赛前心理和身体状态、运动中运动表现和运动后疲劳的恢复状态，帮助教练员制定更加科学有效的运动训练与监控方案。HRV 的改变主要是由于交感神经和迷走神经的交互作用，引起它们活性的改变，进而导致自主神经的均衡性发生变化。如果两者之间的均衡性控制水平出现异常，就有可能导致心血管系统的功能紊乱，甚至可能会发生运动猝死和心率失常的现象 [12]。同样，HRV 的恢复也得到了广泛的应用研究，在休息和运动期间的 HRV 的降低被确定为预测死亡率和猝死风险的指标。最近，HRV 恢复也被认为是评估不同强度动后心脏压力的重要工具。

五、HRV 分析注意的方面

（一）时域分析法注意的方面

时域分析法的运用在很大程度上提高了效率，尤其是在临床医学的应用更加高效，但是偶尔也会出现信号消失的情况，为了防止信号丢失现象，在时域分析指标时应注意到以下几点：

1. 在长时间测量和分析时域指标时，HRV 应是 24 小时内采集的有效数据。短时间时域分析中，截取采集的 5min 内最适宜，在分析过程中长时间和短时间测试的指标不能相互替代。

2. 在 HRV 三角指数计算和间隔（bins）的采集方面，采样间隔时长通常为 1/128（s），也就是大概 7.8125（ms）。如果采样间隔不同，所得到的三角指标也会有差异，不能进行比较。

3. 在 HRV 的分析中，不同测量时间的 HRV 不能直接比较。

（二）频域指标分析法注意的方面

由于 HRV 时域分析法具有一定的局限性，表现在不能很好地描述 HRV 的动态变化，难以区分交感神经与迷走神经活动之间的差异与平衡。然而频域分析法可以有效的弥补这方面的不足，频域分析法具有准确性高、特异性强、灵敏度高的优点。频域分析方法可用于评估心脏交感神经和迷走神经的平衡（表 1-4）。频域分析法主要是利用傅立叶（FFT）变化模型将离采集到的心电信号转化为频率，以功率谱密度的方式呈现。快速傅立叶（FFT）非参数计算方法主要用于计算 TP（总功率）、HF（高频功率）、LF（低频功率）等指标值。这些相关指标的生理作用也不尽相同，其中 TP 代表自主神经的整合功能，反映了 HRV 的总功率，LF

由交感和迷走神经综合调节，HF 受呼吸调节的影响，反映迷走神经调节，LF/HF 反映了交感神经和迷走神经的平衡状态，VLF 越大交感神经越活跃。常用的时域指标以及反映内容如下图所示。在实验过程中需要注意到的频域分析法也分为短时和长时测量，两者分析存在着显著性的差异，由于短时测量（5min）极易受到呼吸、情绪和外界的干扰而影响数据的准确性，因此本次试验在安静和密闭的环境下进行，避免外界环境对受试者的干扰，并且使受试者尽量保持平稳的坐姿。

表 1-4　HRV 频域分析基本情况

指标	含义	反映内容	单位
TP（总功率）	HRV 频域信号小于 0.4Hz 的能量总和	反映自主神经的整体整合功能	ms^2
HF（高频）	0.15~0.40Hz 能量总和	反映迷走神经活性水平	ms^2
LF（低频）	0.04~0.15Hz 能量总和	反映交感神经活性水平	ms^2
LF/HF	低频功率与高频功率比值	反映交感神经和迷走神经平衡性	%
VLF（超低频）	0.03~0.04Hz 能量总和	反映交感神经活性水平	ms^2
LFnorm	LF 的标准化值	反映交感神经调节的变化	nU
HFnorm	HF 的标准化值	反映迷走神经调节的变化	nU

（三）非线性分析法注意的方面

HRV 非线性分析方法发展较早并且应用的较多，目前最常用的是 Poincare 散点图分析法，能够全面性较好地描述心脏状态动力学特征。Poincare 散点图能够反映出不同人群的心

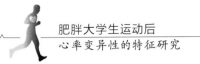
率变化轨迹，并可以将不同组的人从变化轨迹中区分出来。根据不同散点图的变化规律，来确定运动前后 HRV 值的变化。Poincare 散点图属于自动生成采集数据的方法，具体表现在对一段时间内 RR 间期变化规律生成的图形，能够很好的表现心率变化规律，进行定性和定量评价。

其中在散点图中常用指标为 SD1、SD2 和 SD2/SD1。SD1 指标代表散点图的短轴，SD2 指标代表散点图的长轴。如图 1-1 所示，椭圆的圆心是由 R-R 间期的平均值确定的。SD1 是所有点与 X2 轴距离的标准差值，SD2 是所有点与 X1 轴距离的标准差值[20]。

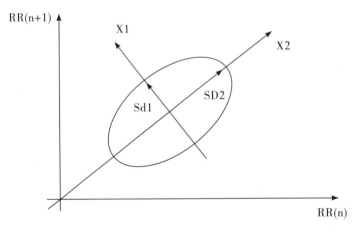

图 1-1　Poincare 散点图

（四）频域分析和时域分析的相关性

频域分析法应用简单，表达明确，在许多地方弥补了时域分析法的不足，两者相辅相成。在有效时间内记录的 HRV 时域指标和频域指标间存在着强烈相关性，不仅体现在 HRV 的值上面，也体现在生理上[19]。具体相关性指标见表 1-5 所示。

表 1-5　HRV 时域指标和频域指标的相关性

时域指标	具有相关性的频域指标
SDNN	TP
SDANN	TP
tRMSSD	HF
SDNN index	5min 平均总功率
SDSD	HF
PNN50	HF

第五章
Wingate 测试相关研究现状

第一节
Wingate 测试的概念和方法

Wingate（温盖特）无氧测试方案，是在 20 世纪 70 年代初期由以色列体育学院运动医学研究室提出来的[21]。1974 年经过 Ayalon 等[22]人推广和介绍后，得到了国内外的广泛认可和应用。目前 Wingate 实验是测试无氧功率和无氧运动能力最常用和最迅速的方式。Hazell T J 等人研究发现，Wingate 测试不仅能够用于评价运动员的无氧运动能力，也能应用于训练场合，很好的发展运动员和无氧运动能力。

Wingate 测试是目前评价机体无氧运动能力相对成熟的方法，可根据实验条件和实验对象自行选择无氧功率自行车型号，功率选择与阻力设定：测试阻力（N）=阻力系数 × 身体重量（kg），通常的阻力系数设置为 0.075，随后测试者完成 30s 全力骑行[22]。本文采用的 Wingate 测试仪器是 COMBIWELLNESS POWERMAX-VII 型号的无氧功率自行车，统一按照 0.075 的阻力系数测试，在进行测试前测试对象先进行 3~5min 的热身活动，调节身体机能，克服内脏器官、神经系统的生理懒惰性，避免出现运动损伤。测试时受试者进行短暂的休息后，即可开始正式测试，测试人员发出口令后，受试者尽全力完成 30s 骑行，功率控制面板开始记录圈数和相关指标，测试人员在一旁进行鼓励与记录指标。通过相关功率值评价受试者的无氧运动能力。

第二节
Wingate 测试的主要评价指标

Wingate 测试是以受试者在运动过程中功率输出值来评定无氧运动能力，其中功率指标主要包括：最大功率、最小功率、30s 平均功率、功率递减率[24]。Wingate 测试的指标能够全面的分析出测试者的无氧运动能力，目前测试指标主要包括：

（一）最大无氧功率（peak power，PP），测试者在 30s 内达到的最大功率值，该值越大，表示受试者爆发力越强。该值一般在测试的前 10s 出现，它与最大速度和爆发力密切相关。

（二）最小无氧功率（min power，MP），测试者在 30s 内输出的最小功率值，该值一般出现在测试的后半程阶段，测试者出现肌肉疲劳和体力下降的状态下。

（三）平均无氧功率（average power，AP），在 30s 测试中输出功率的平均值。该值能够客观、有效地评价测试者的无氧能力。该值越大，表明机体无氧能力越强，且机体肌肉具有良好的抗血乳酸能力。

（四）无氧功率递减率（power drop，PD），它是最大功率减去最低功率再比上最大功量的百分比，其计算公式为：

$$PD = \frac{PP \mid MP}{PP} \times 100$$

它的高低取决于 PP 和 MP 及它们之间的差值，该值越低表示无氧能力越强、抗疲劳能力越强。

（五）到达峰功值时间（time at peak power，TPP），开始测试到出现最大功率所用的时间。该值一般在 15s 内产生，测试者处于相对兴奋和体力状态较好地情况下，短时间内输出的功率。

第三节
影响 Wingate 测试的因素

通过查阅相关资料以及相关研究发现，影响 Wingate 测试实验结果的主要因素包括：

一、运动项目特点

不同运动项目受试者在 Wingate 测试中表现出明显的差异性。国外研究中，Tharp[25]等人对 39 名田径运动员分别进行 Wingate 测试，结果表明：短跑项目运动员在测试中表现最突出，他们的峰值功率和平均功率都比其他田径项目运动员高；长跑运动员在 Wingate 测试中表现没有优势。也有相关研究表明，以无氧代谢供能为主的运动员在峰值功率（PP）测试中优势更加明显。因此，可以看出短时爆发项目为主的运动员在 Wingate 测试中有着更好的表现。

二、准备活动

准备活动能够有效提高机体代谢水平和中枢神经系统兴奋性，避免出现运动伤病，提高运动表现。赵永才[26]测试不同准备活动对 Wingate 测试的结果是否有影响，发现牵拉运动组和慢跑加牵拉运动两种准备活动方式的确影响着测试结果，牵拉运动组的最大功率有显著性提高，而平均功率和相对平均功率两组间无明显差异。慢跑加牵拉运动能够有效地提高无氧功率的输出。Inbar 和 Bar-or[27]探究准备活动对 Wingate 测试结果的影响，让实验组进行 15min 充分的脚踏热身后，同时进行 30s 的 Wingate 测试，发现实验组的平均功率（MP）比对照组高了约 7%，峰值功率（PP）未出现明显差异。

三、环境因素

Wingate 测试过程中尽量控制室温的稳定，温度也会对测试结果造成一定的影响，本次实验也是在室内进行，并控制室温在 23℃左右进行。Dontan 等对 28 名受试者在正常环境、高温环境、高湿环境下进行 Wingate 测试，观察温度和湿度是否影响测试结果。结果显示，受试者的最大功率（PP），平均功率（AP）等无明显差异[28]。

四、个人动机

根据相关研究表明，个人动机因素对 Wingate 测试会产生不同程度的影响。Geron 和 Inbar 观察了竞争、观众出席、奖励等 7 种因素对测试结果的影响，研究发现奖励因素会很好的提高测试结果，表现在峰值功率（PP）明显提高。

第四节

BMI 和 HRV 相关性的国内外研究现状

目前国内外大量关于 HRV 的文献报道，研究认为年龄、性别、睡眠、胖瘦程度、运动习惯是影响 HRV 的重要因素。对于身体质量指数与 HRV 间的关系，国内报道较少，但从一些报道中我们不难看出都有着相类似的结论。从一些研究中可以发现，肥胖人群 HRV 各项指标低于正常人群，副交感神经功能通常降低，交感神经的兴奋程度会增加，从而引起交感神经与副交感神经均衡性发生改变。可以看出肥胖与自主神经障碍间存在显著相关性。也有相关例子表明，肥胖患者在减肥成功后自主神经功能障碍得到了缓解，这样更加证实了这一结论。

肥胖人群的 BMI 与 HRV 之间有高度的相关性，并且影响着心脏自主神经系统功能。王国祥，刘殿玉研究对比了安静状态下正常和肥胖儿童 HRV 的差异，发现肥胖组的时域指标 SDNN、

PNN50、以及频域指标 HF 都低于正常儿童，可以看出肥胖主要表现为迷走神经的张力降低；另一方面，由于肥胖儿童组的频域指标 LF 和 LF/HF 降低，则可以推断肥胖影响了迷走神经和交感神经的均衡性，由于迷走神经的张力降低或交感神经的张力上升，引起平衡性失调，导致心室肌电变得更加不稳定，从而引发心脏疾病的发病率上升。杨秋萍等为探索腰围对 HRV 的影响，将 193 例受试者按腰围分为正常组和异常组，结果显示，腰围异常组的 HRV 指标比正常组低，除 LF/HF 值外，各项指标均低于正常组（p < 0.01），说明腰围异常能够引起 HRV 的改变。陈海秋对 41 位一年级的儿童青少年，按 BMI 分成正常组、超重组和肥胖组，比较了三组人群在不同负荷运动状态下的 HRV 差异，发现安静状态下，超重和肥胖的自主神经均衡性都发生了变化。在不同负荷的运动中，通过各项指标的分析比较，肥胖组青少年的 HRV 低于正常组，表现为迷走神经张力降低，交感神经张力提高。肥胖会影响青少年交感神经和迷走神经的平衡，从而增加肥胖青少年心血管疾病的发生几率。李泽林等选择 152 例男性受试者为研究对象，并且按身体指数进行分组，监测 24 小时内的动态心电图，检测 HRV 的相关指标。研究结果显示，身体质量指数与 HRV 间存在明显的相关性，身体质量指数影响着 HRV，其中 HRV 的频域指标 LF、HF 和 HF/LF 随着身体质量指数的增加而降低，具有显著性差异（p < 0.05）。姜晓宇等人选择 216 例年龄在 55 岁以上的成年女性，按身体质量指数进行分类，研究 BMI 和 HRV 之间的关系，研究表明，BMI 对自主神经功能和平衡性有一定的影响，BMI 指数越高，其交感神经系统活动越强，

自主神经功能障碍就越大。关于明等[35]以肥胖青少年为研究对象，发现迷走神经的活性水平随 HRV 的降低而降低。金郑安在实验过程中发现高体重指数，腰臀比的受试者频域指标 LF 显著下降，表明交感神经和副交感神经的整体功能下降，这也印证了肥胖人群心脏疾病发病率高这一结论。

Bernard G 对 79 名肥胖患者进行了相应的训练干预后，测定副交感神经的变化，发现 RMSSD 基线与正常身体质量指数、安静心率等呈现显著相关（$p < 0.05$）。A Molfino 研究 BMI 和自主神经系统的相关性，发现 BMI 对副交感神经系统的活性有一定的影响。可见在一般情况下，HRV 以及自主神经系统受到 BMI 值得影响，尤其是副交感神经的活性变化是随着肥胖程度的升高而降低的。Speer K 等对 3~5 岁的儿童观察发现，迷走神经干预的 HRV 与 BMI 存在着显著逆线性相关，与成人相类似。Yadav RL 等比较肥胖和正常成年人之间的心脏神经活动，找出 HRV 和肥胖指数的关联性，研究显示腰臀比增加与个体的心脏迷走神经张力减少、交感神经张力增加密切相关，心脏自主神经的改变可能会带来更大的心血管疾病和死亡风险。Yi SH 等研究韩国人群（811名男性，598 名女性）中肥胖与 HRV 指数之间的关系差异，研究显示腰臀比与 HRV 指数相关性更强，腹部肥胖与 HRV 之间的关系更强。Rabbia F 等对 50 名肥胖儿童和 12 名瘦弱儿童进行了比较，并进行了血压测量、24 小时心电图、动态血压监测，计算 HRV 的不同指标，结果显示所有肥胖组动态血压、葡萄糖、甘油三酯水平较高，所有反映副交感神经张力的参数均减小。Karason 等报道显示，肥胖患者的交感神经活动增加，迷走神经活动减弱，

在经过长期的减肥干预后，发现有效的改善和缓解了自主神经功能障碍。

从上面的文献梳理中可以看出，肥胖的确影响着自主神经功能的调节，肥胖人群的 HRV 偏低，心脏自主神经功能也会出现障碍，容易引发身体不适或出现心血管疾病。BMI 与 HRV 间的确存在着高度相关性，而且许多研究表明随着 BMI 指数的升高，HRV 的相关指标降低，交感神经活性增加，副交感神经活性减弱，从而导致交感神经和副交感神经的平衡发生改变。

第六章
运动与 HRV 的相关研究

第一节
有氧运动与 HRV 的变化特征

资料显示，已经有许多研究表明，不管是一次急性有氧运动还是长时间有规律的有氧运动，不仅对人体的身体机能和有氧能力有所提高，也能有效地改善自主神经调节功能，引起 HRV 的相关指标发生改变。有氧运动训练能够引起 HRV 适应性变化已经得到了广泛的证实。

一、长期有氧运动对 HRV 的影响

长期进行有氧运动能够改善人体的自主神经功能并影响 HRV 的变化。Buchheit[45] 等对 14 名运动员进行了 8 周中等有氧运动强度的训练，发现在训练结束后运动员的迷走神经系统活性增加并且耐力水平也有所进步。李光欣等也对肥胖的青少年进行 8 周的有氧运动干预，每周运动 5 次，每次运动时间控制在 50~60min，研究结果发现有氧运动能够很好的改善自主神经功能障碍，表现为交感神经活动水平降低、迷走神经活动水平增加。也有研究发现，对久坐的青年男性进行 6 周的运动干预，发现副交感神经活

性增强，交感神经趋向于减弱。Pichot 等对 11 名老年人进行了 14 周的中等强度的耐力训练，研究显示老年人副交感神经的活性提高了。谢业雷等对 50~65 岁的中老年人进行了 24 周的太极拳运动干预，结果表示，长期的有氧运动干预可以有效地改善迷走神经活性下降的情况，对 HRV 也有积极的促进作用，还可以有效地缓解中老年人的不良情绪。有研究表明 24 名男性青年在进行 2 周，8 次的有氧训练也能有效的提高 HRV。温爱玲等通过对 16 名长期进行太极拳锻炼的老年人 HRV 进行了监测，发现长期坚持锻炼的老年人在锻炼前后，其自主神经功能得到了明显提高，并且运动后 HRV 的各项指标和自主神经平衡性也得到了快速的恢复。Mandigots 等选取了 10~11 岁的儿童进行为期 13 周的运动，每周运动 3 次，每次运动时间为 1h，研究表明运动对儿童有氧运动能力、HRV 有积极影响。Murad 等对患有心力衰竭的老年人进行了 16 周的运动干预后，发现受试者自主神经系统得到了改善，表现为频域指标 HF 的升高。Galetta 等筛选了 20 名至少进行了 40 年的不间断耐力训练的受试者，研究发现长期进行有氧训练的人 HRV 相关指标升高，并且自主神经系统也有所改善，其心血管系统和运动能力均有提高。Nummela A 等对 24 名久坐且不锻炼的人群进行连续 4 周的运动干预，每周进行 2 小时低负荷运动，最后测量发现 HRV 的各项指标有明显变化，其中迷走神经活性提高最为显著。

二、急性有氧运动对 HRV 的影响

一次急性有氧运动对人体 HRV 的影响，有着不同的结论，

造成这种结果可能是由于测试环境、受试者的年龄、运动强度等因素的影响，尽管在结论上有细微的差异，但一次急性有氧运动会对受试者 HRV 产生相对的影响，这是必然的。宋淑华等对 12 名运动员进行了递增负荷的训练，分别测试运动前安静状态、递增负荷状态和运动恢复状态 HRV 的相关指标，结果显示，在一次负荷递增负荷后， HRV 值明显降低，并有短暂的交感神经和迷走神经失调，且 12 分钟内没有恢复。Buchheit[55] 等对青少年足球运动员进行一次高强度的跑台运动、反向跳跃和冲刺跑，发现运动员的 HRV 相关指标的值随着有氧运动强度的提高而上升。宋涛[56] 选取了 13 名优秀的太极拳青年练习者，进行一次 24 式太极拳运动干预，研究受试者在太极拳练习前、中、后 HRV 的变化特征。研究显示在运动过程中 HRV 的时域指标（SDNN、RMSSD、PNN50）值均减小，在运动结束后又增加；频域指标 LFn 和 LF/HF 的值在运动过程中增加，结束后又减小，且运动前后 LFn 和 LF/HF 的值各有差异。Guilkey 等以 10 岁左右的男孩和女孩进行一次高强度运动后，对比了他们间的 HRV 值，结果显示，无论在安静状态下还是训练结束后，男孩和女孩在时域和频域指标值都有所差异。

综上所述，在有氧运动过程中，长期有规律的有氧运动会促进人体的自主神经功能改善，加强自主神经对心脏的调节功能，促进 HRV 的相关指标值升高。对于一次急性有氧运动来说，不同运动强度会造成 HRV 的不同变化，一次低强度有氧运动会造成受试者 HRV 出现短暂的下降，且经过一段时间恢复能到达运动前的水平，恢复时间较短。而对于一次中、高强

度的有氧运动可以发现，HRV 的相关指标随着运动强度的增加
而上升，运动结束后自主神经功能下降，由于研究对象的年龄、
性别、研究环境的差异恢复到运动前水平的时间也不同。不同
运动时长和方式的有氧运动能引起 HRV 的改变，但目前尚无
明确的有氧运动方式及时长对 HRV 的改善效果更显著，因此，
对有氧运动与 HRV 的相关性进行深入探讨是很有意义的。已
有的主要文献如表 1-6 所示，研究概况见表 1-7。

表 1-6　运动与心率变异性关系研究相关文献资料

篇名	来源出处，时间	第一作者
悬吊训练与有氧运动对大学生心脏功能及心率变异性的影响 [D].	西安体育学院，2016.	刘 丹
运动干预对 40 ～ 49 岁男性运动中心电风险指标的影响 [J]	中国运动医学杂志，2017	黄剑雅
有氧锻炼对心血管自主神经调节的影响 [J]..	中国运动医学杂志，2001.	郑 军
有氧运动对人体心血管自主神经平衡状态的影响 [J].	中国老年学杂志，2015.	吴 阳
有氧运动对心血管自主神经平衡状态的影响 [D].	北京体育大学，2006.	王松涛
运动对健康中老年人心率变异性的影响及其意义 [J].	中国运动医学杂志，1999.	杨 溢
定量体育运动后心率变异性指标的变化特征 [J].	中国临床康复，2005.	张丽娟
青少年自行车运动员不同训练阶段心率变异性研究 [D].	大连：辽宁师范大学，2017.	董凤飞

续表 1-6

篇名	来源出处，时间	第一作者
6 周哈他瑜伽对 40~50 岁女性心率变异性的影响 [D].	大连：辽宁师范大学，2017.	宋雪琦
登山锻炼对成年人心率变异的影响 [D].	上海体育学院，2014.	李 航
核心稳定性训练对女大学生心脏自主神经调节功能及心肺功能的影响 [D].	济南：山东师范大学，2013.	王艳霞
少年运动员心脏自主神经训练适应规律与运动能力关系的纵向研究 [J].	天津体育学院学报，2021.	贺业恒
体育锻炼对中老年人自主神经调节功能及心肺功能的影响 [D].	上海体育学院，2019.	江婉婷
阴瑜伽运动对 60~65 岁女性体质、心率变异性的影响 [D]	辽宁师范大学，2018.	吴斯娴
瑜伽运动对心血管自主神经调节的影响 [D].	北京体育大学，2009.	许 婕
体育锻炼对正常人心率变异性时域分析的影响 [J].	心电学杂志，2001.	邵回龙
间歇有氧运动训练对 2 型糖尿病患者心率变异性的影响 [J].	中华保健医学杂志，2019.	丁 薇
运动训练对心脏植物神经功能的影响 [J].	体育科学，2006.	谢 红
国 . 增量运动过程中心率变异性的研究 [J].	山东体育科技，1997.	赵 敬

续表 1-6

篇名	来源出处，时间	第一作者
男子散打运动员递增负荷运动前后心率变异性的实验研究 [C].	全国运动生理学论文报告会论文集，2007.	高新友
心率变异性（HRV）在运动性疲劳诊断中应用的实验研究 [D].	江西师范大学，2004.	钟运健
睡眠不足对体育专业大学生无氧运动时 HRV 与 EMG 的影响 [D].	陕西师范大学，2019	王任重
基于主观感觉疲劳量表和心率变异性相结合的运动性疲劳监测 [D].	武汉体育学院，2015.	王　钧
定量负荷运动下体育生与非体育生心率变异性比较研究 [J].	四川体育科学，2017.	申日娜
有训练者和无训练者安静状态与中等强度运动状态心率变异性特征研究 [D].	浙江师范大学，2020.	戴海伦
急性低氧运动心率变异性（HRV）的变化规律研究 [D].	北京体育大学，2009.	张　彬
不同强度有氧运动对肥胖儿童心率变异及心率恢复的影响 [C].	第十一届全国体育科学大会论文摘要汇编，2019	闻剑飞
肥胖儿童心脏自主神经变化特征及有氧运动的干预作用 [J].	中国妇幼保健，2011.	王国祥
有氧运动对肥胖青少年心率变异性的影响 [J].	吉林大学学报（医学版），2014.	李光欣
肥胖儿童心率变异特征与血脂代谢、脂肪细胞因子含量的相关性分析 [J].	中国现代医学杂志，2017.	张京杨

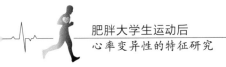

续表 1-6

篇名	来源出处，时间	第一作者
急性有氧运动短时抑制肥胖青年男性心率变异性 [J].	中国运动医学杂志，2009.	朱蔚莉
Heart rate variability and its relationship with central and general obesity in obese normotensive adolescents[J].	Einstein (Sao Paulo, Brazil), 2013.	BQarah
Heart rate variability responses to a combined exercise training program: correlation with adiposity and cardiorespiratory fitness changes in obese young men[J].	Journal of exercise rehabilitation, 20192.	Phoemsap-thawee J.
Impact of obesity on autonomic modulation, heart rate and blood pressure in obese young people[J].	Autonomic neuroscience:	
basic&clinical, 2015,.	Rossi RC	
Heart rate variability in overweight health care students: correlation with visceral fat[J].	Journal of clinical and diagnostic research, 2015.	Chintala KK
Heart rate variability, blood lipids and physical capacity of obese and non-obese children[J].	Arquivos brasileiros de cardiologia, 2009	Paschoal MA.

表 1-7 运动干预与 HRV 代表性文献一览表

人群	年龄	性别	研究设计	主要采集指标	主要研究结果
运动康复专业[12]	20~21 岁	♂30 人	干预 8 周，悬吊组分为 3 个阶段：上肢及肩部、下肢及髋部、核心训练阶段有氧组：匀速上下楼梯	SD1、SD2、RMSSD、TP、VLF、LF、HF、LF/HF	干预后，安静状态下，两组 TP↑、HF↑
健康人群[13]	40~49 岁	♂24 人	干预 12 周，小量组：1200kcal/wk（65%~80%VO2max），大量组：2000kcal/wk（65%~80%VO2max）	SDNN、RMSSD、SDSD、PNN50、TP、HF、LF、VLF、LF/HF、HFnorm、LFnorm	干预后，大量组 SDNN↑、RMSSD↑、TP↑、HF↑、LF/HF↓
健康大学生	19.12±1.08	♀15 人	干预 8 周，每周干预 4~5 次，每次 40min	SDNN、RMSSD、PNN50、TP、HF、LF、VLF、HFnu、LFnu	干预后，PNN50↑、HF↑、TP↑
健康大学生[14] 中长跑运动员	20~21 岁 15~18 岁	♂8 人 ♂6 人	两组同时干预 6 个月，每周干预 5 天，进行长跑训练	TP、LF、HF、HR	干预后，大学生组 HR↓、LF/HF↑
健康人群[15]	61~78 岁	♂12 人	广场舞干预 8 周，每周 5 次，每次 45min 以上	SDNN、SDANN、RMSSD、SDNNindex、TP、LF、HF	干预后，SDNN↑、SDANN↑、RMSSD↑、SDNNindex↑、TP↑、HF↑、LF↑

续表 1-7

人群	年龄	性别	研究设计	主要采集指标	主要研究结果
健康中老年人群[16]	56~70岁	♀38人 ♂50人	分为锻炼组和无锻炼组，对受试者随访一年，每周人段锦、太极拳锻炼7次，每次1h，一年后，分别采集5min静坐状态、坐站运动、深呼吸状态下的心率变异性	SDNN、RMSSD、CV、RRmean、TF、HF、LF、VLF、LF/HF	干预后，锻炼组与无锻炼组相比，在静坐状态下：RRmean↑、SDNN↑、RMSSD↑、TF↑；在坐站运动过程中：CV↑、TF↑、VLF↑；在深呼吸过程中：HF↑、SDNN↑、RRmean↑、RMSSD↑、CV↑
有5~17年健身运动的中老年人[17]	50~72岁	♂32人 ♀12人	采集24小时基本维持室内活动和休息的HRV	SDNN、RMSSD、PNN50、SDANNI、SDNNI、TP、HF、LF、VLF、ULF、LF/HF	运动组与无运动组相比，SDNN↑、SDANNI↑、RMSSD↑、PNN50↑、TP↑、HF↑、VLF↑、ULF↑、LF/HF↓
无运动中老年人	52~76岁	♂50人 ♀26人			
健康大学生[18]	20~21岁	♂23人 ♀24人	干预半年体育量化训练	RRI、SDRR、TP、LF、HF、LF/HF、HR	干预后，男生SDRR↑、TP↑、HF↑、LF/HF↑、HR↓
青少年自行车运动员[19]	13.54±0.82岁	♂11人	青少年自行车运动员训练的三个阶段：基础、专项、赛前训练阶段	SDNN、RMSSD、PNN50、VLF、LF、HF、LF/HF、TP	三个训练阶段后，SDNN↑、RMSSD↑、PNN50↑、LF↑、HF↑、TP↑

续表 1-7

人群	年龄	性别	研究设计	主要采集指标	主要研究结果
健康人群[20]	40~50 岁	♀40 人	分为干预组和对照组，哈他瑜伽拜日式干预 6 周，每周四次，每次 1h	HF、LF、LF/HF、SDNN、RMSSD	干预后，HF↑、SDNN↑、RMSSD↑
健康成年人[21]	20~59 岁	♂48 人 ♀46 人	分为干预组和对照组，连续 16 周登香山，每周至少 1 次，每次时间控制在 1—2 小时内	SDNN、RMSSDLn、TPLn、LFn、HFn、LF/HF、PNN50	干预后，SDNN↑、RMSSD-Ln↑、TPLn↑、HFLn↑、LFn↓
健康大学生[22]	21±2 岁	♂18 人	分为干预组和对照组，干预 7 周，瑞士球核心稳定训练，每周 3 次，每次 30min	SD、RMSSD、LF、HF、LF/HF	干预四周后，SD↑、RMSSD↑、HF↑
健康人群	45~59 岁	♂30 人 ♀30 人	分为慢跑组和动感单车组，干预 6 个月，每周 3 次，每次 50min	HR、SD1、SD2、RMSSD、PNN50、TP、VLF、LF、HF、LF/HF	干预后，单车组男性：HR↓、RMSSD↑、TP↑、HF↓、LF/HF↓；单车组女性：HR↑、TP↑、SD2↑、LF↑、LF/HF↓；慢跑组男性：HR↓、TP↑、HF↑、LF/HF↑；慢跑组女性：RMSSD↑、PNN50↑、VLF↑
竞走队刚入队少年运动员[23]	13.25± 1.35 岁	♂15 人	跟随竞走队训练两年	SDNN、RMSSD、PNN50、TP、LF、HF、HFnu、LFnu、RR 间期	两年后，RR 间期↑、SDNN↑、RMSSD↑、PNN50↑、HFnu↑、TP↑

续表 1-7

人群	年龄	性别	研究设计	主要采集指标	主要研究结果
健康中老年人[24]	50~75岁	♂12人 ♀51人	分为锻炼组和不锻炼组，进行6min步行测试	SDNN、RMSSD、TF、LFnorm、HFnorm、LF/HF	6min步行结束即刻，锻炼组与不锻炼组相比，HFnorm↑、LF/HF↓
健康女性[25]	60~65岁	♀30人	分为干预组和对照组，阴瑜伽干预8周，每周3次，每次60min	SDNN、RMSSD、LF、HF、LF/HF、HR	干预后，HF↑、SDNN↑、RMSSD↑、HR↑
田径运动员	18~29岁	♂28人 ♀22人	采集安静状态下5min心率变异性	SDNN、RMSSD、PNN50、VLF、LF、HF、LF/HF、TP	田径运动员与普通健康人相比，HF↑、SDNN↑、RMSSD↑、TP↑、VLF↑、PNN50↑
普通健康人	19~26岁	♀30人			
普通大学[26]	20~24岁	♀30人	分为干预组和对照组，瑜伽干预10周，每周3次，每次1h	SDNN、RMSSD、PNN50、LF、HF、LF/HF、HF	干预后，RMSSD↓、PNN50↓、LF/HF↓、LF↓
健康中年人群	45~59岁	♂22人 ♀4人	分为羽毛球组、健步走组、对照组，干预一年，每周5次，每次至少30min	SDNN、RMSSD、PNN50、VLF、LF、HF	干预后，羽毛球组：SDNN↑、RMSSD↑、PNN50↑、VLF↑；健步走组：SDNN↑、VLF↑

续表 1-7

人群	年龄	性别	研究设计	主要采集指标	主要研究结果
锻炼人群	48~76 岁	♂21人 ♀7人	分别采集锻炼组和不锻炼组 24 小时 RR 周期	SDNN、RMSSD、PNN50、SDANN、SDANNindex	锻炼组与不锻炼组相比，SDNN↑、RMSSD↑、PNN50↑、SDANN↑
无锻炼人群[27]	50~75 岁	♂11人 ♀14人			
II型糖尿病合并冠心病患者[28]	46~61 岁	♂32人	同欧有氧运动训练干预 6 个月，每周 3 次，每次 40min，3min 训练，1min 休息	SDNN、SDNNindex、RMSSD、SDANN、HF、LF、TF	干预后，SDNN↑、SDANN↑、RMSSD↑、SDNNindex↑、TF↑、LF↑、HF↑
篮球运动员[29]	19~21 岁	♂12人	采集静卧休息 15~20min 心率变异性	HRP、RRP、RRM、RRN、SD、MSD、P50、TS、LF.H、LF.A、LF.S、HF.H	篮球运动员与普通大学生相比，HR↓、SD↑、MSD↑、P50↑、RRM↑、RRN↑、LF.A↑、LF.H↑、LF.S↑、TS↑、LF/HF↑
普通大学生					
赛艇运动员	18.67±1.61 岁	♂12人	赛艇训练 2~4 年，采集安静状态下 5min 心电信号	TV、LF、HF、LF/HF	在安静状态下，赛艇运动员与普通人相比，TV↑、HF↑

注：♂男性；♀女性；↑上升；↓下降。

第二节

无氧运动与 HRV 的变化特征

对于无氧运动与 HRV 之间的关系来说，无氧运动方式引起自主神经调节的变化和有氧运动方式存在着一定的差异。在单次或短期的无氧运动干预中，反映出的是交感神经活动水平增强，而迷走神经的活动水平不变甚至出现降低。而在长期经历无氧抗阻训练会引起自主神经系统发生改变，交感神经活性出现适应性增强，副交感神经的活性保持不变甚至出现下降，但无氧运动引起 HRV 发生改变的研究目前已经得以证实。

Niewiadomski 等进行了一次短时的无氧运动，观察受试者 HRV 的变化情况，研究发现运动后 1 小时，LF、HF 仍有明显的抑制，说明极限强度运动对交感和副交感神经活动的抑制作用，在 1 小时内还不能使其恢复到正常的水平。也有研究表明，对于急性抗阻负荷训练会导致成年人的交感神经活动水平降低，而阻力训练对于 HRV 指标没有影响。Buchheit 等以青少年足球运动员为研究对象，本研究以高负荷跑台、逆向跳跃、短跑及有氧运动相结合的方法，发现 HRV 相关指数随着运动强度的升高而升高，说明往后应该多加关注 HRV 指数与运动成绩。Barak 等对 15 名年轻男性进行 5min 高强度骑行，并且采用三种体位（仰卧位、仰卧举腿和坐位）进行 HRV 的测量，发现在高强度运动后 15min，受试者运动前后的时域指标和频域指标存在着差异。这说明在进行高强度运动时，必定是伴随着有氧和无氧运动相结合，短时的无氧运动也会影响 HRV 的相关指标。

　　不同的训练方式对机体 HRV 指标的变化存在着一定的差异，长期进行有规律、科学、系统的有氧运动可以促进人体的自主神经调节能力，维持 HRV 的正常值，安静状态下副交感神经系统的活动会增加，从而提高人体的自主神经调节能力。尽管无氧运动对人体 HRV 的改变存在争议，但是短时的无氧运动会引起机体 HRV 某些指标发生改变，因此，人体必须具备相应的无氧运动能力，使机体能够在短时的无氧运动后进行恢复，已有的主要文献如表 1-8 所示。

　　上述文献一览表所针对的研究是一次性运动对不同人群 HRV 的影响，其研究对象所涉及人群也较为广泛。一次性运动与运动干预研究相比，其不同之处在于，探究一次运动前后 HRV 的变化，从而分析一次运动对心自主神经的影响。在一次性运动试验中常用的是递增运动负荷试验，递增运动负荷试验相对其他运动试验来说，能够较好地调动机体生理变化，常用于心肺功能测试。在递增运动负荷试验中常用的方案是 Bruce 跑台试验。孙朋等人通过 Bruce 跑台试验对青少年人群进行了研究，在运动后即刻，男性与女性的时域指标 RMSSD、PNN50 等显著性下降，男性的频域指标 HF、LF/HF 显著性下降，女性的频域指标虽有下降，但无显著性变化。研究结果表明，运动后即刻，心交感神经活性增强，心副交感神经活性降低，心自主神经均衡性下降，但在男

表 1-8 一次性运动中 HRV 的变化代表性文献一览表

人群	年龄	性别	研究设计	主要采集指标	主要研究结果
体育专业大学生[34]	21.5±0.84岁	♂10人 ♀10人	记录0W、50W、75W、100W、125W、150W、175W、200W、225W负荷下心率，每个负荷记录心跳30次	R-R间期，P-QRS总时间，QRS间期，T波高度与宽度，SDRR	在运动后即刻，P-QRS↓，T波宽度↓，T波高×宽↓，SDRR↓
散打运动员[35]	20.0±1.53岁	♂15人	自行车递增负荷运动，其负荷从40W开始，每级负荷持续1min，每级递增为	HRP、RRP、RRM、RRN、SD、MSD、P50、TS、LF.H、LF.A、LF.S、HF.H、HF.A、HF.S、LF/HF	运动后即刻散打运动员RRP↓，RRM-RRN↓，SD↓，MSD↓，P50↓，LF.H↑，TS↓，LF.S↓，LF.A↓，HF.A↓，HF.S↓，LF/HF↓。 普通大学生HRP↑，RRP↓，RRM-RRN↓，SD↓，MSD↓，RRM-RRN↓，TS↓，LF.H↓，LF.A↑，LF.S↑，HF.A↓，LF/HF↑
普通大学生	19.81±1.12岁	♂15人	递增负荷20W，转速为60r/min，直至力竭		
体育专业大学生[36]	18~19岁	♂32人	同隔进行亚极量运动、极量运动	TP、LF、HF、LF/HF	体育专业大学生亚极量、极量运动后：TP↓，LF↓，HF↓，LF/HF↑ 普通大学生极量运动后：TP↓，HF↓，LF/HF↓
普通大学生	18~20岁	♂30人			

续表 1-8

人群	年龄	性别	研究设计	主要采集指标	主要研究结果
体育专业大学生[37]	20.21±0.8岁	♂30人	睡眠充足组（T1）、睡眠不足组（T2）、睡眠严重不足组（T3）进行30s Wingate无氧功率自行车	SDNN、RMSSD、LF、HF、SD1、SD2	三种睡眠模式运动后相比：T2：THF↓；T3：SDNN↓、HF↓、LF/HF↑、SD1↓
中长跑运动员	18~20岁	♂12人	模拟海拔2500m、3500m的低氧环境及常氧环境中进行大强度运动	TP、LF、HF、VLF、LF/HF、PNN50、RMSSD、NHR、AMS、SPo2	运动后即刻，不同氧环境下：TP↓、LF↓、HF↓、VLF↓、NN50↓、RMSSD↓、LF/HF↑、NHR↑
亚健康者	30~50岁	♂17人 ♀30人	受试者进行短时有氧运动	TP、LF、HF、VLF、LF/HF、LFnorm、HFnorm	运动前，其HRV值低于正常标准；运动后即刻，LFnorm↑、LF/HF↓、HFnorm↓
足球运动员[38]	23±1.2岁	♂20人	单组重复测量，功率自行车递增负荷运动，开始功率50W，每5min增加25W，直至力竭	LF、HF、LF/HF、LFnorm、HFnorm、NNMean、SDNN、RMSSD、PNN50	运动后即刻，SDNN↓、RMSSD↓、PNN50↓、NNMean↑

续表 1-8

人群	年龄	性别	研究设计	主要采集指标	主要研究结果
体育专业大学生[39]	23±1.3岁	♀15人	逐级递增负荷试验，共六级，每级2min，初级负荷25W，每级递增25W	HR、RR、SDNN、RMSSD、PNN50、HF、LF、LF/HF、VLF	在运动过程中，体育生与非体育生相比：RR↓、LF↓、SDNN↑、RMSSD↑、HF↑、LF/HF↓、VLF↓；运动后即刻，体育生与非体育生相比：HR↓、RR↑、LF/HF↓、VLF↑
非体育专业大学生		♀15人			
体育专业中长跑田径队[40]	18~20岁	♂17人	跑台递增负荷运动实验	平均RR、SDNN、RMSSD、PNN50、HF、LF、LF/HF、VLF、LFnorm、HFnorm、HR	运动后即刻，田径队：平均RR↓、SDNN↓、RMSSD↓、PNN50↓、LF↓、HF↓、VLF↓、LF/HF↑、LFnorm↑、HFnorm↓、HR↑；非体育专业大学生：平均RR↓、SDNN↓、RMSSD↓、PNN50↓、LF↓、HF↓、VLF↓、LF/HF↑、LFnorm↑、HFnorm↑、HR↑；
非体育专业大学生		♂20人			
健康青少年	20~25岁	♂30人 ♀30人	Bruce跑台实验	TP、HF、LF、LF/HF、RRI、RMSSD、nLF、nHF、HR	运动后即刻，HF↓、LF/HF↑、RRI↓、RMSSD↓、HR↑

续表 1-8

人群	年龄	性别	研究设计	主要采集指标	主要研究结果
北体足球专项本科生[41]	19~21岁	♂9人	在常氧、急性低氧、低氧12小时三种环境中进行一次功率自行车递增负荷运动直至力竭，每次实验间隔一个月	TP、LF、HF、LF/HF、LFnu、HFnu	运动后即刻，常氧组、急性低氧组、低氧12小时组：TP↓、LF↓、HF↓、LF/HF↑、LFnu↑、HFnu↓
普通大学生	18.75±1.24岁	♀12人	跑步机渐增性跑步运动	P50、SD、MSD、TS、LF/HF、HF.A、HF.S、HF.H、LF.A、LF.S、LF.H	运动后即刻，P50↓、SD↓、MSD↓、TS↓、HF.A↓、HF.S↓、HF.H↓、LF.A↓、LF.S↓
健康大学生	19~21岁	♀34人	一次广播体操	SD、RMSSD、LFnorm、HFnorm、LF/HF	一次广播体操后，SD↑、RMSSD↑、LFnorm↑、HFnorm↑

注：♂男性；♀女性；↑上升；↓下降

女中存在一定的差异。在递增运动负荷试验中除 Bruce 跑台试验外，常用的还有自行车递增运动负荷试验，申日那通过自行车递增运动负荷试验以体育专业和非体育专业女生为实验对象进行了研究，研究发现，在运动后即刻，体育专业和非体育专业学生都是交感神经张力增加，活性升高，在心自主神经系统中占主导地位。但非体育专业学生与体育专业学生相比，非体育专业学生反映迷走神经的 HRV 指标 SDNN、RMSSD、HF 均低于体育专业学生，而反映交感神经及交感神经与迷走神经均衡性的 HRV 指标 LF、VLF、LF/HF 均高于体育专业学生，此结果表明，运动后即刻及恢复过程中，与体育专业学生相比，非体育专业学生的 SNS 张力增强，SNS 在心自主神经系统中占主导地位明显，恢复较慢[39]。因此，在日常生活中，对于不常锻炼人群，应加强体育锻炼，同时应注意锻炼的强度与方式。对于一次性递增运动负荷对 HRV 的影响，针对非健康人群的研究较少，郭小玉等人通过短时有氧运动对亚健康人群 HRV 进行了研究，在运动前安静状态下，亚健康者与健康人群相比，其交感神经张力显著高于健康人，HRV 较低。亚健康者运动前后 HRV 指标相比较，运动后 HRV 频域指标 LFnorm 显著升高，HF、HFnorm 显著性降低，此结果表明，运动后亚健康者心自主神经系统平衡状态被打破，SNS 活性增强，占据主导地位，PNS 活性被抑制，SNS 与 PNS 处于失衡状态。除递增运动负荷试验，短时有氧运动外，还有学者针对其他运动对 HRV 的影响做了研究，赵敬国、赵春娟通过一次第八套广播体操对健康大学生 HRV 的影响做了相关研究，研究发现，在一次第八套广播体操后，与交感神经有关的 HRV 指标升高，而与迷走神经有关的 HRV 指标降低，表明 SNS 张力增加，在自主神经系统中占主导地位，PNS 活性降低。但通过八周的干预后，在一次第八套广播体操后，与 SNS 相关的 HRV 指标显著性降低，此研究结果表明，坚持运动锻炼，可减小每次运动对 HRV 的急性影响，从而起到保护心脏，降低运动猝死等风险的作用。此外，马生霞[45]通过在不同氧环境下对体育专业足球专选学生进行有氧测试，研究发现，无论在何种氧环境下，运动后即刻，与交感神经相关的 HRV 指标都呈现上升趋势，与迷走神经相关的 HRV 指标都呈现下降趋势，且其变化具有统计学意义。研究还发现，在安静状态下，海拔 2500m 时，心交感神经与心迷走神经活性增强，HRV 升高，随着在此海拔高度时间的延长心自主神经系统逐步处于动态平衡状态。但随着海拔高度的上升，在海拔 3500m 时，随着时间的延长，频域指标 LF 显著下降，HF 显著升高，结果表明，在海拔 3500m 时，心自主神经系统的平衡状态被打破，PNS 活性增强，而 SNS 活性被抑制，其研究结果表明，HRV 不仅受运动、性别等因素的影响，同时还受氧环境因素的影响。综上所述，运动中 HRV 的变化虽然较大，但通过其运动前后 HRV 各项指标的变化，可分析运动对不同人群 HRV 的急性影响，从而判断心自主神经系统功能，为不同人群精确运动强度、运动方式等提供科学参考依据，通过长期的坚持，增强心自主神经系统功能，降低运动猝死等风险。

通过不同的运动方式、运动强度对不同人群进行干预，探析长时间的体育锻炼与运动训练对 HRV 产生的影响，从而得知，不同运动方式、运动强度对心自主神经系统产生的积极作用与消极影响也不相同，为不同人群制定不同的运动方案提供依据。以上表格是通过对大量文献进行梳理所得，首先，通过上述表格可知，目前关于研究运动干预与HRV之间关系的人群涉及了大学生、运动员、中老年人以及有慢性疾病的人群，涉及人群较广，虽是对不同人群进行干预，但其得出的研究结果都是运动干预对HRV及心自主神经系统产生了一定的影响。大多数研究发现，通过运动训练，使PNS和SNS的活性增强，自主神经系统功能增强，机体适应性得到不同程度提升，对于体育专业的学生以及专业运动员而言，运动训练可以使机体从较大运动强度负荷训练中快速恢复。李之俊、高炳宏通过对男子赛艇运动员进行安静状态及划桨运动状态的RR间期信号的采集研究发现，长期赛艇运动训练，使得赛艇运动员在安静状态下，迷走神经占主导地位较普通人明显，且在急性划桨运动后，赛艇运动员的频域指标HF与普通人相比，恢复较快。黄晖明、朱晓梅、刘凌等人对男性优秀田径运动员与普通健康人安静状态下的HRV指标进行了对比，研究结果表明，田径运动员经过长期训练，其HRV时域指标RMSSD、SDNN、PNN50在安静状态下较普通人高，频域指标TP、VLF、HF也较普通人高，由此可知，经过长期的运动训练，HRV增大，迷走神经活性增强，交感神经活性增强。但是不同运动项目对HRV的影响是否一样，李晶晶针对不同运动项目对中年男性健康人群HRV影响做了研究，研究发现，经过一年的运动干预，进行羽毛球运动的一组人群时域指标SDNN、RMSSD、PNN50，频域指标HF、VLF都显著升高，进行健步走运动的一组人群只有时域指标SDNN，频域指标VLF显著性升高，而未进行任何运动干预的人群则 HRV 没有任何显著性变化这说明不同的运动项目对 HRV 的影响也不相同，羽毛球运动相对于健步走来说，运动强度较大，间歇性较强，供能方式属于有氧无氧相结合。从此研究结果来看，羽毛球运动相对于健步来说更能增强心自主神经的张力与活性，比较两项运动的特点、供能方式，混合供能型运动对增强心自主神经功能来说效果更好。长期运动训练、不同运动项目都可对 HRV 产生不同的影响，且上述研究对象均为男性，那么不同性别运动干预对 HRV 的影响是否会不相同呢？秦文对不同性别的中年人群进行不同有氧运动项目的干预，研究发现，经过半年的运动干预后，单车组男性时域指标只有 RMMSD 显著性升高，频域指标 TP、HF 显著性升高，LF/HF 降低，而单车组女性时域指标无明显变化，频域指标 TP、LF 与非线性指标 SD2 显著性升高，LF/HF 降低；此外另一组有氧运动组慢跑组男性时域指标无任何变化，但频域指标慢跑组男性：TP、HF、LF/HF 均显著性升高；而慢跑组女性时域指标 RMSSD、PNN50 与频域指标 VLF 亦是显著性升高，参与有氧运动干预的四组人群，心率都显著性降低[33]。此研究结果表明，同一运动项目由于性别不同对 HRV 的影响也是不同的，同样的运动项目对于女性来说，对 HRV 的影响效果不如男性明显，虽然性别对 HRV 会有一定的影响，但科学合理的身体锻炼能够在不同程度上提高 HRV，增强心自主神经功能，提高交感神经与副交感神经活性。因此为加强心自主神经系统功能，在日常生活中应加强身体锻炼，选择适合自己的运动项目。

第三节

肥胖与 HRV

肥胖人群与 HRV 的关系研究文献见表 1-9。

通过对国内外文献梳理发现，目前针对肥胖人群 HRV 的研究大多数是安静状态的 HRV，或通过运动干预后 HRV 的变化，针对一次运动对 HRV 的急性影响的研究不多。首先是对安静状态 HRV 的研究，其人群主要有肥胖青少年、中老年以及肥胖糖尿病、高血压患者。关玉明、桂永浩等人通过采集肥胖儿童 24h 日常动态心电图，对肥胖儿童的 HRV 进行了研究，研究发现，与迷走神经活性相关的 SDNN、RNSSD 等时域指标及 HF 等频域指标，肥胖儿童均低于正常儿童，肥胖儿童迷走神经活性低于正常儿童，而 LF/HF 其相对于正常儿童升高，但并不具有显著性，说明肥胖儿童交感神经张力增强，在自主神经系统中，主导地位明显[56]。El Agaty, SM 等人对正常、超重及肥胖青年人群安静状态下的 HRV 进行了研究，研究发现，无论是超重人群还是肥胖人群，在安静状态下，其迷走神经活性均低于正常人群，与交感神经活性相关的指标均高于正常人群。李泽林、孙华保等人对 152 例 60及 60 岁以上的男性人群按照身体质量指数进行分组，采集其安静状态下 RR 间期，研究发现，与迷走神经活性相关的时域指标

表 1-9 肥胖人群与 HRV 代表性文献一览表

人群	年龄	性别	研究设计	主要采集指标	主要研究结果
健康男性	60岁及以上	♂30人	分为正常组、超重组、肥胖组正常活动，采集24h全息心电图	SDNN、RMSSD、SDANN、SDANNindex、PNN50	与正常组相比，超重组 SDNN↓、RMSSD↓、SDANN↓、SDANNindex↓；肥胖组 SDNN↓、RMSSD↓、SDANN↓、SDANNindex↓、PNN50↓
肥胖儿童[46]	8~10岁	♂30人	分为正常组和肥胖组，分别中等强度、高强度运动测试，两次测试间隔一周，中等强度：心率：130~160次/分；高强度：心率：160~190次/分	SDNN、RMSSD、PNN50、HR、HRR	中高强度运动后即刻，肥胖组与正常组相比，SDNN↓、RMSSD↓、PNN50↓、运动后心率恢复时间较长
肥胖青少年	13.41±0.55岁	♂41人	运动负荷试验，50、75、100W负荷功率自行车，共15min	SDNN、RMSSD、PNN50、TP、HF、LF、LF/HF	运动后即刻，肥胖组 SDNN↓、RMSSD↓、LF↑、HF↓
超重人群	50~59岁	♀43人	分为对照组、太极拳组、健步走组，太极拳干预12周，1~4周，每周3次，5~12周，每周5次，每次90min	RR、SDNN、RMSSD、VLF、LF、HF	干预后，太极拳组与健步走组，RR↑、SDNN↑、RMSSD↑、VLF↑、LF↓

续表 1-9

人群	年龄	性别	研究设计	主要采集指标	主要研究结果
肥胖儿童[47]	9~11岁	♂30人	分为肥胖组、正常组，有氧运动干预12周，每周4次，每次50min，心率：140~160次/分	SDNN、PNN50、LF、HF、LF/HF	干预前，肥胖组与正常组相比，SDNN↓、PNN50↓、HF↓、LF↓、LF/HF↑；干预后，肥胖组 SDNN↑、PNN50↓、HF↑、LF↑
绝经肥胖妇女	53~54岁	♀120人	分为实验组、对照组，干预12周，有氧舞蹈锻炼，每周至少150min	BMI、MeanNN、SDNN、RMSSD、PNN50、SDNNindex、SDANN、TP、HF、LF、LF/HF	干预后，实验组：SDNN↑、SDANN↑、RMSSD↑、SDNNindex↑、PNN50↑、TP↑、HF↑、LF↑、LF/HF↑、BMI↓
肥胖青少年[48]	13~17岁	♂40人	分为实验组、对照组，健身跑干预8周，每周5次，每次50~60分钟，强度：60%~70%最大心率	TP、LF、HF、LFn、HFn、HFn	干预后，实验组TP↑、HFn↑、LFn↓、LFn/HFn↓；与对照组相比，TP↑、HFn↑、LFn↓、LFn/LFn↓、HFn↓
肥胖儿童[49]	6~12岁	♂40人♀30人	采集24小时日常状态下动态心电图，分为观察组和对照组	SDNN、RMSSD、SDANN、TC、TG、HDL—C、LDL—C	观察组：SDNN↓、SDANN↓、RMSSD↓、TG↑、LDL—C↑
正常儿童	6~11岁	♂41人♀29人			

续表 1-9

人群	年龄	性别	研究设计	主要采集指标	主要研究结果
肥胖Ⅱ型糖尿病患者 非肥胖Ⅱ型糖尿病患者	33~72岁	♂31人 ♀21人 ♂46人 ♀30人	采集24h日常状态下动态心电图,分为正常组、肥胖组、非肥胖组	SDNN、RMSSD、SDANN、PNN50、SDNNindex、TF、LF、HF、LF/HF	与正常对照组相比,肥胖Ⅱ型糖尿病组:SDNN↓、SDANN↓、SDNNindex↓、RMSSD↓、PNN50↓、TF↓、LF↓、HF↓、LF/HF↓;肥胖组与非肥胖组相比:SDNN↓、SDANN↓、SDNNindex↓、TF↓、LF↓、LF/HF↓
肥胖性高血压患者 非肥胖性高血压患者	57.48±11.12岁 56.07±10.88岁	♂32人 ♀28人 ♂31人 ♀29人	采集24h日常状态下动态心电图,分为正常组、肥胖组、非肥胖组	SDNN、RMSSD、SDNNindex、PNN50	与正常组相比,肥胖组SDNN↓、SDNNindex↓、PNN50↓、RMSSD↓
肥胖少年	13~15岁	♂45人	干预8周,分为TABATA训练组、有氧运动组,每次40—50min	RMSSD、SDNN、LF、HF、LF/HF	干预后,有氧组LF↑、RMSSD↑;TABATA组:SDNN↑、RMSSD↑、LF↑、HF↑
肥胖青年[50]	22~23岁	♂11人	自身对照设计试验,45min急性有氧运动	SDNN、RMSSD、LF、HF、LF/HF	运动后1h,LF↑、LF/HF↑、SDNN↓、RMSSD↓
肥胖儿童[51]	9~11岁	♂62人 ♀45人	安静仰卧状态下10min心电采集	SDNN、RMSSD、PNN50、TP、LF、HF、LF/HF	与正常体重儿童相比,肥胖儿童HF↓、PNN50↓

续表 1-9

人群	年龄	性别	研究设计	主要采集指标	主要研究结果
肥胖人群[52]	19~22岁	♂42人	分为对照组和干预组，干预12周，干预组有氧健身训练每周4次，每次60min	SDNN、RMSSD、LF、HF、LF/HF、HR、SD1、SD2、SD2/SD1、平均RR间期	干预后，HR↓、HFnu↑、LF↓、LF/HF↓、SD2↓、平均RR间期↑
肥胖青年[53]	20.58±1.48岁	♂48人 ♀40人	分为肥胖组、正常体重组，安静仰卧状态下30min心电采集	SDNN、RMSSD、LF、HF、LF/HF、SD1、SD2、SD2/SD1、平均RR间期、HFnu、LFnu	肥胖组与正常体重组相比，SDNN↓、RMSSD↓、HF↓、HFnu↑、LFnu↑、平均RR间期↓
青年人群[54]	18~21岁	♀42人	分为正常、超重和肥胖3组，安静仰卧状态下15min心电采集	SDRR、RMSSD、SDNN、VLF、LF、HF、LF/HF	肥胖组与正常组相比，RMSSD↓、VLF↓、LF↓；与超重组相比，SDRR↓、RMSSD↓、VLF↓、LF↓、LF/HF↑
健康大学生[54]	18~30岁	80人	分为正常组和超重组，采集日常状态下24h动态心电图	LFnu、HFnu、LF/HF、HF、TP	超重组与正常组相比，LFnu↑、LF/HF↑、HFnu↓、TP↓
健康超重、肥胖人群[55]	20~24岁	♀55人	分为正常组、超重/肥胖组，进行3min阶梯测试	HR、RMSSD、HF、LF、LF/HF、VLF、nuLF/HF	运动后即刻，超重/肥胖组HR↑、HF↑、HFnu↓、nuLF/HF↑、RMSSD↓、HF↓

注：♂男性；♀女性；↑上升；↓下降。

SDNN、RMSSD、PNN50、SDANN、SDNNindex 肥胖组、超重组均低于正常组[58]，其研究结果表明，在安静状态下，BMI 越高，HRV 越低，迷走神经活性降低，在心自主神经系统中，交感神经活性增强，占据主导地位。上述研究表明，HRV 受肥胖等因素的影响，且随着 BMI 的升高，HRV 降低，在安静状态下相对于正常体重健康人群而言，肥胖人群患心血管疾病的风险增加。

糖尿病、高血压作为目前发病率较高的慢性疾病之一，其发病人群逐渐趋于年轻化，且常见于肥胖人群。周智华、李继培等人对 140 例 II 型糖尿病患者肥胖人群与非肥胖人群安静时的 HRV 进行了研究对比，研究发现，糖尿病患者的时域指标 SDNN、RMSSD、SDANN、PNN50 均低于正常人，说明 HRV 受血糖等因素的影响，糖尿病患者与健康人群相比，迷走神经活性被抑制；同时，肥胖型糖尿病患者的时域指标 SDNN、RMSSD、SDANN、PNN50 均低于非肥胖型糖尿病患者，说明 HRV 也受肥胖等因素的影响，肥胖人群较非肥胖人群相比，迷走神经活性降低。除糖尿病外，高血压也是常见的慢性病之一。黎文燕、何伶俐等人对 120 例高血压患者肥胖人群与非肥胖人群安静时的 HRV 进行了研究对比，研究结果与糖尿病患者研究结果相似，与健康人群相比，高血压患者 HRV 降低，迷走神经活性被抑制，肥胖型高血压患者 HRV 低于非肥胖型高血压患者，迷走神经活性被抑制[60]。上述研究结果表明，高血压、糖尿病也是影响 HRV 的因素之一，肥胖型糖尿病、高血压患者 HRV 受两重因素影响，迷走神经活性较正常人相比较低，交感神经活性增强，心脏压力较正常人大。

也有学者对通过运动对肥胖人群进行干预，以探究运动对 HRV 的影响，试图通过运动来提高 HRV，提高迷走神经活性，增强心自主神经系统功能。于亚飞通过不同的有氧运动方式（健步走、太极拳）对 50~59 岁的超重女性进行为期 12 周的干预，干预结束后，在安静状态下，健步走组与太极拳组时域指标 SDNN、RMSSD 均显著高于对照组，且 BMI 较干预前显著降低，但健步走组在改善 HRV 等方面明显优于太极拳组，表明有氧运动干预可改善 HRV，提高迷走神经活性，增强心自主神经系统功能，但对于 50~59 岁的女性来说，健步走运动对改善心自主神经系统功能效果优于太极拳。俞丽娟、章文杰通过有氧舞蹈对绝经后的妇女进行了为期 12 周的干预，研究发现，经过干预后的妇女 BMI 显著降低，HRV 时域指标 SDNN、SDANN、RMSSD、PNN50、SDNNindex 显著升高，频域指标 HF、LF/HF 显著升高，此外研究还发现，BMI 的变化与 SDNN 呈现负相关性，即随着 BMI 的降低，SDNN 升高，即通过有氧运动干预不仅可降低 BMI，还可以改善 HRV，提高迷走神经活性，增强心自主神经系统功能。

研究所涉及的人群除中年人以外，较多的研究是针对肥胖青少年的，青少年作为未来的希望，其身体健康至关重要，但随着经济的高速发展，学生学业就业压力随之加大，青少年体质普遍下降，肥胖率升高，有关青少年各种疾病的报道增多。马秦通过最近较流行的 TABATA 运动（高强度间歇训练）与有氧运动对肥胖青少年进行了为期 8 周的干预，对比了运动前后及两种运动对 HRV 的影响[63]。研究发现，有氧运动组在干预后，体重、BMI、脂肪、体脂率等明显降低，HRV 指标 LF、RMSSD 显著升高，TABATA 组在干预后，HRV 指标 LF、HF、SDNN、RMSSD 显著升高。此研究结果表明，两种运动方式都能够改善 HRV，提高迷走神经活性，增强心自主神经系统功能。高强度间歇训练虽然对身体成分的影响不如有氧运动明显，但对改善 HRV 效果较有氧运动显著，对于青少年而言，在增强心自主神经系统功能方面应优先选择高强度间歇训练。目前国内关于肥胖与 HRV 的研究较多地是针对肥胖人群，而国外较多的是针对 BMI 值进行分组，研究不同 BMI 值对 HRV 的影响。Paschoal 等人针对 BMI 值为依据进行分组，研究发现，随着 BMI 的升高，安静时 HRV 降低，PNS 活性降低，SNS 占优势。

综上所述，肥胖人群 HRV 低于正常人，副交感神经张力减小，通过运动锻炼可改善 HRV，提高副交感神经活性，增强心自主神经系统功能。同时也可以通过一次运动对 HRV 的急性影响，探究运动后即刻对肥胖人群 HRV 的影响，为其制定更为合理的运动方案。

第四节

本研究的技术路线图

一、Ellestad A 运动方案与 HRV 研究路线（见图 1–2）。

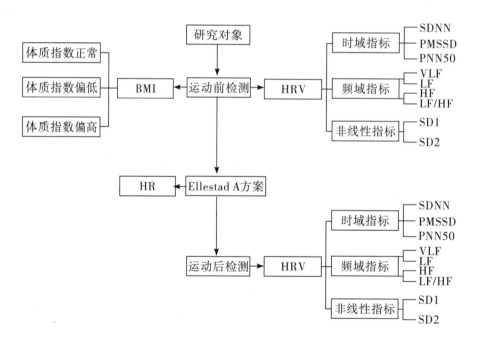

图 1–2 Ellestad A 运动方案与 HRV 研究路线图

二、Wingate 运动方案与 HRV 研究路线（见图 1-3 ）。

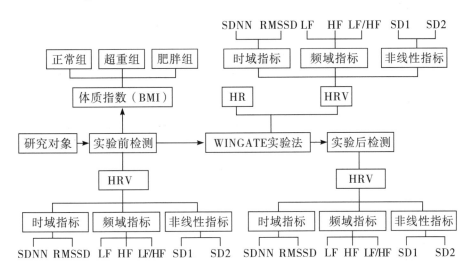

图 1-3 Wingate 运动方案与 HRV 研究路线图

参考文献

[1] 国务院.国务院办公厅关于强化学校体育促进学生身心康全面发展的意见 [Z]. 2016-05-06.

[2] 教育部,国家体育总局.教育部 国家体育总局关于进一步加强学校体育工作切实提高学生健康素质的意见 [Z]. 2006-12-20.

[3] 孙瑞龙,吴宁,杨世豪,等.心率变异性检测临床应用的建议 [J].中华心血管病杂志, 1998, 26(4): 252-255.

[4] 钱荣.递增负荷运动对机体运动能力的影响 [J].蚌埠医学院学报, 2006, 31(6): 655-656.

[5] 杨锡让,傅浩坚,运动生理学进展 — 质疑与思考 [C].北京体育大学出版社, 1999, 378.

[6] 中国肥胖问题工作组.中国成人超重和肥胖症预防与控制指南 (节录)[J].营养学报, 2004, 26(1): 1-4.

[7] 邱烈峰,肖爽.大学生体质量指数 (BMI) 与身体机能和身体素质相关性的研究 [J].吉林体育学院学报, 2014, 30(6): 69-73.

[8] 李静.肥胖对大学生身体素质影响的研究 [J].北京体育大学学报, 2002, 25(4): 484-486.

[9]　王梅. 人体质量指数不同的中国成年人身体机能对比分析 [J]. 中国临床康复, 2005, 9(28): 190-193.

[10]　冯鑫. 大学生体脂率与身体机能指标的相关性研究 [D]. 呼和浩特: 内蒙古师范大学, 2020.

[11]　黄建华, 王健. 运动与心率变异研究进展 [J]. 浙江体育科学, 2008, 30(2): 118-122.

[12]　刘丹. 悬吊训练与有氧运动对大学生心脏功能及心率变异性的影响 [D]. 西安: 西安体育学院, 2016.

[13]　黄剑雅, 曹建民, 苏浩, 等. 运动干预对 40~49 岁男性运动中心电风险指标的影响 [J]. 中国运动医学杂志, 2017, 36(8): 687-692.

[14]　郑军, 张立藩, 王兴邦, 等. 有氧锻炼对心血管自主神经调节的影响 [J]. 中国运动医学杂志, 2001, 20(2): 154-157.

[15]　吴阳, 王萍, 闫巧珍. 有氧运动对人体心血管自主神经平衡状态的影响 [J]. 中国老年学杂志, 2015, 35(16): 4597-4599.

[16]　王松涛. 有氧运动对心血管自主神经平衡状态的影响 [D]. 北京: 北京体育大学, 2006.

[17]　杨溢, 银翠云, 钟求知, 等. 运动对健康中老年人心率变异性的影响及其意义 [J]. 中国运动医学杂志, 1999, 18(3): 265-266.

[18]　张丽娟, 刘丽敏, 谢燕, 等. 定量体育运动后心率变异性指标的变化特征 [J]. 中国临床康复, 2005, 9(8): 138-139.

[19]　董凤飞. 青少年自行车运动员不同训练阶段心率变异性研究 [D]. 大连: 辽宁师范大学, 2017.

[20]　宋雪琦. 6 周哈他瑜伽对 40-50 岁女性心率变异性的影响 [D]. 大连: 辽宁师范大学, 2017.

[21]　李航. 登山锻炼对成年人心率变异的影响 [D]. 上海: 上海体育学院, 2014.

[22]　王艳霞. 核心稳定性训练对女大学生心脏自主神经调节功能及心肺功能的影响 [D]. 济南: 山东师范大学, 2013.

[23]　贺业恒. 少年运动员心脏自主神经训练适应规律与运动能力关系的纵向研究 [J]. 天津体育学院学报, 2021, 36(3): 366-372.

[24]　江婉婷. 体育锻炼对中老年人自主神经调节功能及心肺功能的影响 [D]. 上海: 上海体育学院, 2019.

[25]　吴斯娴. 阴瑜伽运动对 60~65 岁女性体质、心率变异性的影响 [D].

辽宁：辽宁师范大学，2018.

[26]　许婕.瑜伽运动对心血管自主神经调节的影响[D].北京：北京体育大学，2009.

[27]　邵回龙，王杏莲，姜新荣，等.体育锻炼对正常人心率变异性时域分析的影响[J].心电学杂志，2001, 20(4): 213-214.

[28]　丁薇，许耀文，王希燕.间歇有氧运动训练对2型糖尿病患者心率变异性的影响[J].中华保健医学杂志，2019, 21(2): 143-146.

[29]　谢红.运动训练对心脏植物神经功能的影响[J].体育科学，2006, 26(9): 31-33.

[30]　李之俊，高炳宏.男子赛艇运动员有氧代谢能力与心率变异性分析[J].中国运动医学杂志，2006, 25(2): 232-233.

[31]　黄晖明，朱晓梅，刘凌.优秀田径运动员心率变异性分析[J].体育与科学，2008, 29(6): 65-67.

[32]　李晶晶.羽毛球运动对中年男性心率变异性影响的实验研究[D].沈阳：沈阳体育学院，2014.

[33]　秦文.两种有氧运动干预对中年人群心率变异性的影响[D].西安：西安体育学院，2015.

[34]　赵敬国.增量运动过程中心率变异性的研究[J].山东体育科技，1997, 19(3): 32-35.

[35]　高新友，任超学，马丽君，等.男子散打运动员递增负荷运动前后心率变异性的实验研究[C].2007全国运动生理学论文报告会论文集，2007: 194-198.

[36]　钟运健.心率变异性（HRV）在运动性疲劳诊断中应用的实验研究[D].南昌：江西师范大学，2004.

[37]　王任重.睡眠不足对体育专业大学生无氧运动时HRV与EMG的影响[D].西安：陕西师范大学，2019.

[38]　王钧.基于主观感觉疲劳量表和心率变异性相结合的运动性疲劳监测[D].武汉：武汉体育学院，2015.

[39]　申日娜，陈乐琴.定量负荷运动下体育生与非体育生心率变异性比较研究[J].四川体育科学，2017, 36(2): 31-34+46.

[40]　戴海伦.有训练者和无训练者安静状态与中等强度运动状态心率变异性特征研究[D].金华：浙江师范大学，2020.

[41]　张彬.急性低氧运动心率变异性（HRV）的变化规律研究[D].北京：

北京体育大学, 2009.

[42] 孙朋, 季浏, 李世昌, 等. 有氧运动对青少年自主神经功能的急性影响 [J]. 体育科学, 2015, 35(3): 30-38.

[43] 郭小玉, 李方洁, 沈红军. 短时有氧运动对亚健康者短程心率变异性的影响 [C]. 中国心脏大会（CHC）2011 暨北京国际心血管病论坛论文集. 中华医学会、国家心血管病中心: 中华医学会, 2011: 2.

[44] 赵敬国, 赵春娟. 广播体操锻炼对女大学生心脏自主神经调节功能影响的实验研究 [J]. 山东体育学院学报, 2011, 27(11): 51-54.

[45] 马生霞. 不同氧环境下的 HRV 及其与低氧适应和有氧运动能力相关性研究 [D]. 北京: 北京体育大学, 2013.

[46] 闻剑飞, 王强. 不同强度有氧运动对肥胖儿童心率变异及心率恢复的影响 [C]. 第十一届全国体育科学大会论文摘要汇编, 2019: 6500-6501.

[47] 王国祥, 刘殿玉. 肥胖儿童心脏自主神经变化特征及有氧运动的干预作用 [J]. 中国妇幼保健, 2011, 26(21): 3253-3255.

[48] 李光欣, 王占一, 吕薇, 等. 有氧运动对肥胖青少年心率变异性的影响 [J]. 吉林大学学报（医学版）, 2014, 40(5): 1093-1097.

[49] 张京杨, 曹晓晓, 文红霞, 等. 肥胖儿童心率变异特征与血脂代谢、脂肪细胞因子含量的相关性分析 [J]. 中国现代医学杂志, 2017, 27(18): 79-82.

[50] 朱蔚莉, 甘运标, 朱一力, 吴含, 等. 急性有氧运动短时抑制肥胖青年男性心率变异性 [J]. 中国运动医学杂志, 2009, 28(1): 17-19.

[51] BQarah, PradoWL,Tenório TR, et al. Heart rate variability and its relationship with central and general obesity in obese normotensive adolescents[J]. Einstein (Sao Paulo, Brazil), 2013, 11(3), 285–290.

[52] Phoemsapthawee J,Prasertsri P, Leelayuwat N. Heart rate variability responses to a combined exercise training program: correlation with adiposity and cardiorespiratory fitness changes in obese young men[J]. Journal of exercise rehabilitation, 2019, 15(1), 114–122.

[53] Rossi RC, Vanderlei LC, Gonçalves AC, et al. Impact of obesity on autonomic modulation, heart rate and blood pressure in obese

young people[J]. Autonomic neuroscience:basic&clinical, 2015, 193(3), 138–141.

[54] Chintala KK, Krishna BH, NMR. Heart rate variability in overweight health care students: correlation with visceral fat[J]. Journal of clinical and diagnostic research, 2015, 9(1): CC06–CC8.

[55] Paschoal MA, Trevizan PF, Scodeler, et al. Heart rate variability, blood lipids and physical capacity of obese and non-obese children[J]. Arquivos brasileiros de cardiologia, 2009, 93(3): 239–246.

[56] 关玉明，桂永浩，范文才，等．肥胖儿童心率变异性分析 [J]. 临床儿科杂志，2004, 22(6): 389-391.

[57] El Agaty SM,Kirmani A, Labban E.Heart rate variability analysis during immediate recovery from exercise in overweight/obese healthy young adult females[J]. Annals of noninvasive electrocardiology: the official journal of the International Society for Holter and Noninvasive Electrocardiology, Inc, 2017, 22(3): e12427.

[58] 李泽林，孙华保，宁丹霞，等．60 岁及 60 岁以上健康男性体重指数与心率变异性的关系 [J]. 中国循环杂志，2006, 21(1): 39-41.

[59] 周智华，李继培，郭季春，等．肥胖型与非肥胖型 2 型糖尿病患者的心率变异性分析 [J]. 河南医学研究，2017, 26(22): 4055-4056.

[60] 黎文燕，何伶俐，田森．肥胖性高血压与非肥胖性高血压患者心率变异性对比分析 [J]. 临床合理用药杂志，2013, 6(1): 17-19.

[61] 于亚飞．不同有氧运动方式对 50~59 岁超重女性心率变异性影响的研究 [D]. 临汾：山西师范大学，2017.

[62] 俞丽娟，章文杰．有氧舞蹈对绝经后肥胖妇女 BMI 及心率变异性的影响 [J]. 福建医药杂志，2018, 40(6): 86-90.

[63] 马秦．有氧运动与 TABATA 训练对 13~15 岁肥胖少年运动能力和心脏自主神经功能的干预研究 [D]. 大连：辽宁师范大学，2020.

[64] Paschoal MA, Trevizan PF, Scodeler NF. Heart rate variability, blood lipids and physical capacity of obese and non-obese children[J]. Arquivos brasileiros de cardiologia, 2009, 93(3): 239–246.

[65] Chintala KK, Krishna BH, NMR. Heart rate variability in overweight health care students: correlation with visceral fat[J]. Journal of clinical and diagnostic research, 2015, 9(1): CC06–CC8.

[66] 习雪慧. 超重和肥胖大学生体育锻炼行为特征及影响因素研究 [D]. 杭州师范大学, 2020.

[67] 姜勇. 我国成人超重肥胖流行现状、变化趋势及健康危害研究 [D]. 北京：中国疾预防控制中心, 2013:54.

[68] 宋广成. 高校体育活动中运动猝死事件的成因与防卫机制的构建 [D]. 武汉体育学院, 2016.

[69] Haslam DW, James WP. "Obesity"[J]. Lancet.366 (9492): 1197–1209.

[70] Barness LA, Opitz JM, Gilbert-Barness E. "Obesity: genetic, molecular, and environmental aspects"[J]. American Journal of Medical Genetics. Part A, 2007, 143A(24): 3016–3034.

[71] 徐昕, 高崇玄. 我国运动猝死调查研究 [J]. 中国运动医学杂志, 1999(2): 99-102.

[72] 林强强. 不同 BMI 水平大学女生个性心理特征研究 [D]. 苏州大学, 2017.

[73] WHO. Obesity: preventing and managing the global epidemic. Report of aWHO Consultation. WHO Technical Report Series 894. Geneva: World HealthOrganization, 2000.

[74] 代慧玲. 体育院校不同运动专项大学生心率变异性的比较研究 [D]. 西安体育学院, 2015.

[75] 白融. 心率变异性分析临床应用的回顾与展望 [J]. 临床心血管病杂志, 2001(09): 428-431.

[76] 杜吟, 李京诚. 心率变异性在运动领域应用研究的现状 [J]. 首都体育学院学报, 2011, 23(1): 89-96.

[77] 黄传业, 田野, 聂金雷. 少年和成年业余长跑运动员急性耐力运动后心脏自主 神经恢复观察研究 [J]. 体育科学, 2012, 32(9): 11-16.

[78] 庹伟. 运动后心率恢复和心率变异性与运动负荷相关性的研究 [D]. 成都体育学院, 2018.

[79] Karen L. Courtney et al. Using Heart Rate Variability for Automated Identification of Exercise Exertion Levels[J]. Studies in Health Technology and Informatics, 2015, 208: 137-141.

[80] 罗兰 . 心率变异（HRV）测量系统以及运动训练对人心率变异影响的研究 [D]. 上海交通大学 , 2010.

[81] 陈尔冬 , 周菁 . 心率变异性的研究及应用进展 [J]. 心血管病学进展 , 2014, 35(04): 435-439.

[82] Borresen J, Lambert M I. Autonomic control of heart rate during andafterexercise: Measurements and implications for monitoring training status[J]. Sports Med, 2008, 38(8): 633–646.

[83] 孙瑞龙 , 吴宁 , 杨世豪 , 等 . 心率变异性检测临床应用的建议 [J]. 中华心血管病杂志 , 1998, 26(4): 12-15 .

[84] Malik M. Heart rate variability: Standards of measurement, physiological nterpretation, and clinical use [J].Circulation, 1996, 93(5): 1043-1065.

[85] 罗兰 . 心率变异（HRV）测量系统以及运动训练对人心率变异影响的研究 [D]. 上海交通大学 , 2010.

[86] 付陈龙 . 不同座高和负荷 Wingate 测试对下肢肌肉激活和疲劳的影响 [D]. 江西师范大学 , 2021.

[87] Ayalon A,Inbar O,Bar-Or O.Relationships among measurements of explosive strength and anaerobic power[M]. Biomechanics IV. 1974.

[88] Hazell Tom J et al. 10 or 30-s sprint interval training bouts enhance both aerobic and anaerobic performance.[J]. European journal of applied physiology, 2010, 110(1) : 153-160.

[89] Souissi Hichem et al. Time-of-Day Effects on EMG Parameters During the Wingate Test in Boys.[J]. Journal of sports science & medicine, 2012, 11(3) : 380-386.

[90] Gerald D. Tharp et al. Comparison of Sprint and Run Times with Performance on the Wingate Anaerobic Test[J]. Research Quarterly for Exercise and Sport, 2013, 56(1) : 73-76.

[91] 赵永才 , 石永秀 . 不同准备活动对运动员无氧运动能力的影响 [J]. 体育研究与教育 , 2013, 28(05): 114-117.

[92]   Inbar O, Dotan R, Trosh. T, et al. The effort of bieycle cranklength variation up on power performance [J]. Ergonomics, 1983, 26: 1139-1164

[93]   Dotan R, Bar-or O. Climatic heat stress and performance in the Wingate Anaerobic Test [J]. European Journal of Applied Physiology, 1980, 44:237-243.

[94]   Geron E, Inbar O. Motivation and anaerobic performance[A]// Simri. Art and Science of Coach[M]. Wingate Institute: Natanya, 1980: 107-117.

[95]   王国祥 , 刘殿玉 . 肥胖儿童心脏自主神经变化特征及有氧运动的干预作用 [J]. 中国妇幼保健 , 2011, 26(21): 3253-3255.

[96]   杨秋萍 , 张溪 , 吴于滨 , 等 . 腰围与心率变异性相关性分析 [J]. 中国糖尿病杂志 , 2007(07): 424-425.

[97]   陈海秋 . 不同运动负荷下肥胖青少年心脏自主神经功能的研究 [D]. 北京体育大学 , 2012.

[98]   李泽林 , 孙华保 , 宁丹霞 , 等 . 60 岁及 60 岁以上健康男性体重指数与心率变异性的关系 [J]. 中国循环杂志 , 2006(01): 39-41.

[99]   姜晓宇 , 张平德 , 王成英 . 健康成人 55 岁及以上体质量指数与心率变异性的关系 [J]. 第四军医大学学报 , 2007(12): 1137-1138.

[100]   关玉明 . 儿童单纯性肥胖对心血管的影响及高危因素分析 [D]. 复旦大学 , 2004.

[101]   Kim Jeong A et al. Heart rate variability and obesity indices: emphasis on the response to noise and standing.[J]. The Journal of the American Board ofFamily Practice, 2005, 18(2) : 97-103.

[102]   Bernard Gutin et al. Heart Rate Variability in Obese Children: Relations to Total Body and Visceral Adiposity, and Changes with Physical Training and Detraining[J]. Obesity Research, 2000, 8(1): 12-19.

[103]   Molfino A et al. Body mass index is related to autonomic nervous system activity as measured by heart rate variability.[J]. European journal of clinical nutrition, 2009, 63(10) : 1263-1265.

[104]   NUMMELA A,HYNYNEN E,KAIKKONEN P,et al.Endurance performance and nocturnal HRVindices[J].int J Sports Med, 2010,

31(3):154-159.

[105]　Speer K et al. (2021). Relationship between heart rate variability and body mass index: A cross-sectional study of preschool children. Preventive medicine reports, 24, 101638.

[106]　Yadav R, et al. Association between obesity and heart rate variability indices: an intuition toward cardiac autonomic alteration - a risk of CVD. Diabetes Metab Syndr Obes. 2017; 10: 57-64.

[107]　Yi SH, Lee K, et al. Differential association of adiposity measures with heart rate variability measures in Koreans. Yonsei Med J. 2013; 54(1): 55-61.

[108]　Rabbia F, Silke B, Conterno A, et al. Assessment of cardiac autonomic modulation during adolescent obesity. Obes Res. 2003; 11(4): 541-548.

[109]　Kristjan Karason et al. Heart rate variability in obesity and the effect of weight loss[J]. The American Journal of Cardiology, 1999, 83(8) : 1242-1247.

[110]　Buchheit M, Chivot A, Parouty J, et al. Monitoring endurance runningperformance using cardiac parasympathetic function[J]. Eur J Appl Physiol, 2010,108(6): 1153-1167.

[111]　李光欣，王占一，吕薇，等 . 有氧运动对肥胖青少年心率变异性的影响 [J]. 吉林大学学报（医学版），2014,40(5): 1093-1097.

[112]　Pichot V, Roche F, Denis C, et al. Interval training in elderly men increases both heart rate variability and baroreflex activity[J]. Clin Auton Res, 2005, 15(2): 107-115.

[113]　谢业雷，任杰，虞定海，等 . 24 周太极拳锻炼对中老年人心率变异性的影响 [J]. 中国运动医学杂志 ,2011, 30(9): 842-844.

[114]　温爱玲，熊开宇，张猛等 . 24 式陈氏太极拳运动对老年人 HRV 的影响 [J]. 吉林体育学院学报 , 2013, 29(1): 69-72.

[115]　Mandigot S, Melin A, Fauchier L, et al. Physical training increases heart rate variability in healthy prepubertal children[J]. Eur J Clin Invest, 2002, 32(7): 479-487.

[116]　Murad K, Brubaker P H, Fitzgerald D M, et al. Exercise training

improves heartrate variability in older patients with heart failure:A randomized, controlled,single-blinded trial[J]. Congest Heart Fail, 2012, 18(4): 192-197.

[117] Gamelin F, Franzoni F, Femia F R, et al. Life long physical training prevents the age-related impairment of heart rate variability and exercise capacity in elderlypeople[J]. J Sport Med Phys Fitness, 2005, 45(2): 217-221.

[118] Nummela A,Hynynene E,Kaikkonen P,et al.Endurance performance and nocturnal HRVindices[J].int J Sports Med, 2010, 31(3): 154-159.

[119] 宋淑华 , 刘坚 , 高春刚 , 等 . 递增负荷运动对中长跑运动员心率变异性的影响 [J]. 山东体育学院学报 , 2010, 26(10): 62-65.

[120] Buchheit M, Simpson M B, Al Haddad H, et al. Monitoring changes in physical performance with heart rate measures in young soccerplayers[J]. Eur J App Physiol, 2012, 112(2): 711-723.

[121] 宋涛 .24 式太极拳运动前、中、后 HRV 的变化特征 [J]. 中国体育科技 ,2016, 52(1): 78-83.

[122] Guilkey J P,Overstreet M,Mahon A D.Heart rate recovery and parasympathetic modulation in boys and girls following maximal and submaximal exercise[J].Eur J Appl Physiol, 2015, 115(10): 2125-2133.

[123] Niewiadomski W. Suppression of heart rate variability after supramaximal exertion.[J]. Clinical physiology and functional imaging, 2007, 27(5) : 309-319.

第二篇

不同 BMI 大学生在 Ellestad A 方案中 HRV 的变化研究

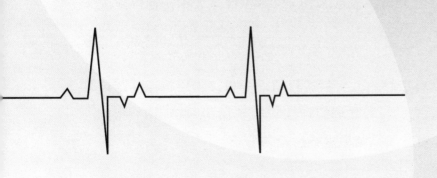

本篇研究概要

:::::::

一、研究目的

近年来，心血管疾病与心源性猝死等心脏问题趋于年轻化，其多发人群为运动不足的肥胖、超重与偏瘦者。心血管疾病与心源性猝死的重要预测因子：心率变异性目前被广泛应用于体育等领域，为探究运动中出现的心源性猝死等一系列问题，本研究以运动不足的超重与偏瘦两类大学生为研究对象，对其急性运动前后心率变异性进行比较研究，探讨不同身体质量指数人群急性运动前后自主神经功能的变化。为不同身体质量指数大学生及体育教师科学合理地制订运动方案提供依据，减少运动风险，保障学生的身心健康。

二、研究方法

本文所选取的研究对象是陕西师范大学普通大学生中，除体育课外无锻炼习惯的大一、大二男生。本文的实验方案所采用的是 Ellestad A 运动方案，其为一次性运动干预。通过对所有研究对象进行身体成分测试，根据 WHO 身体质量指数中国标准对受试者进行分组，分为偏瘦组（UW 组）、正常组（NW 组）、超重组（OW 组）。

通过文献资料法对相关文献进行梳理分析，将所梳理文献以表格形式进行总结。利用数理统计法对实验所得数据 HRV 指标进行统计分析，对其研究结果进行讨论与分析。

三、研究结果

（一）组内运动前后 HRV 指标结果

UW 组、NW 组和 OW 组运动后 HRV 指标 SDNN、RMSSD、PNN50、VLF、LF、HF、SD1、SD2 与运动前相比均呈极显著性下降（$p < 0.01$）。

NW 组运动后频域指标 LF/HF 与运动前相比极显著性下降（$p < 0.01$），UW 组、OW 组频域指标 LF/HF 与运动前相比无显著性变化。

（二）组间 HRV 指标对比结果

1. 运动前组间 HRV 指标对比结果

UW 组、NW 组和 OW 组运动前 HRV 指标 SDNN、LF、HF 与 SD2 无显著性差异；UW 组 RMSSD、PNN50、SD1 显著高于 OW 组（$p < 0.05$）；OW 组 VLF 显著高于 UW 组（$p < 0.01$），NW 组 VLF 显著高于 UW 组（$p < 0.01$），OW 组 LF/HF 显著高于 NW 组（$p < 0.05$），其他组别之间无显著性差异。

2. 运动后组间 HRV 指标对比结果

UW 组、NW 组和 OW 组运动后 HRV 指标 VLF、LF 无显著性差异；NW 组 HRV 指标 SDNN、RMSSD、PNN50、SD1 与 SD2 均显著高于 OW 组（$p < 0.05$）；NW 组 HF 显著高于 OW 组（$p < 0.01$）；OW 组 LF/HF 显著高于 NW 组（$p < 0.05$）；其他组别之间无显著性差异。

3. 运动前后组间 HRV 指标差值对比结果

UW 组、NW 组和 OW 组运动前后 HRV 指标 SDNN 差值、RMSSD 差值、LF 差值、HF 差值、SD1 差值与 SD2 差值无显著性差异；UW 组 PNN50 差值显著高于 OW 组（$p < 0.05$）；NW 组

VLF 差值显著高于 UW 瘦组（$p < 0.05$）；OW 组 LF/HF 差值显著高于 NW 组（$p < 0.05$）；其他组别之间无显著性差异。

（三）BMI 与 HRV 各指标相关性结果

安静状态下，BMI 与 HRV 指标 RMSSD、PNN50、SD1 呈显著性负相关，即随着 BMI 的升高，RMSSD、PNN50、SD1 降低；BMI 与 HRV 指标 VLF、LF 呈显著性正相关，即随着 BMI 的升高，VLF、LF 升高；其他指标无显著性相关。

运动后，BMI 与频域指标 VLF、LF/HF 呈显著性正相关，即随着 BMI 的升高，VLF、LF/HF 升高；与其他指标无显著性相关。

四、研究结论

（一）运动后 5 分钟，偏瘦、正常体重以及超重组大学生与运动前相比，其心率变异性及其各指标均呈显著性下降，表明运动会造成心血管系统的疲劳，副交感神经活性被抑制，心脏自主神经系统功能失衡。

（二）安静状态下，偏瘦、正常体重和超重组大学生心率变异性存在差异，超重组与偏瘦组、正常组相比，交感神经活性较强，副交感神经活性被抑制，HRV 降低，且随着 BMI 值的升高，HRV 降低，副交感神经活性降低。心脏自主神经系统功能降低。

（三）运动后 5 分钟，偏瘦、正常体重和超重组大学生心率变异性存在差异，受 BMI 的影响，超重组、偏瘦组与正常组相比，副交感神经活性被抑制。此外，在同等的运动强度下，会造成偏瘦组副交感神经活性较其他两组降低更多。

五、本研究的主要概念

（一）大学生

（二）身体质量指数

（三）运动

（四）心率变异性

第一章
研究对象与方法

第一节
研究对象

一、研究对象的筛选

本次实验研究对象从陕西师范大学一年级、二年级公共体育课男生中招募，初次筛选使用PAR—Q问卷调查及基本情况调查表进行筛选，身体健康，心肺功能良好，排出家族遗传病史、精神病史，无酒精药物依赖史即可入选。进入初选的实验对象，还需满足以下几点要求方可进入测试：①身体体格检查无异常者；②近一个月无急性病者；③一年内无关节错位骨折现象。

实验开始前，告知所有受试者实验目的、实验流程及要求，在遵循受试者意愿的基础上，使受试者签订知情同意书（见附件），为降低实验最小可能受其他因素影响，在运动测试前三天，告知实验对象不可熬夜、饮酒、进行剧烈运动。依据本次实验目的，将使用身体成分测试仪（Inbody230，韩国）对所有研究对象进行身体成分测试，根据WHO身体质量指数中国标准对受试者进行分组，分为偏瘦组、正常组、超重组，同时为排除瘦体重等成分对实验结果的干扰，分组同时依据体脂百分比中国标准（表 2-1），最终实验对象分组依据 BMI 与体脂百分比中国标准，以保证实验结果的准确性。在最终有 50 人参加本次实验，50 人均是每周除体育课外无其他运动，因运动中无法坚持，有 5 人退出测试，最终有 45 人参与并完成测试。

表 2-1　体脂百分比分类标准

	年龄	性别	WHO 标准	中国标准
低			< 8.0%	5.0%~10.0%
正常	20~39 岁	男性	8.0%~19.9%	10.1%~20.0%
超重			20.0%~24.9%	20.1%~26.0%
肥胖			≥ 25%	≥ 26.0%

二、研究对象的基本条件

为排除年龄因素对 HRV 的影响，受试者年龄均为 19~21 岁，不具有显著性差异。根据实验目的将受试者按照 BMI 值分为偏瘦组（Underweight group, 简称 UW）、正常组（Normal weight group，简称 NW 组）和超重组（Overweight group, 简称 OW 组）。受试者体脂百分比也均符合分组标准。研究对象基本条件如表 2-2 所示。

表 2-2　研究对象基本条件（X±SD）

组别	UW 组	NW 组	OW 组	总计
人数	15	15	15	45
年龄（岁）	19.83 ± 0.99	20.24 ± 0.81	19.58 ± 0.67	19.93 ± 0.88
身高（cm）	174.33 ± 5.89	175.41 ± 9.12	175.27 ± 5.93	175.02 ± 7.10
体重（kg）	52.12 ± 3.87	65.51 ± 8.26	81.19 ± 8.13	66.24 ± 13.66
BMI（kg/m^2）	17.13 ± 0.83	21.21 ± 1.10	26.35 ± 1.34	21.55 ± 3.89
体脂百分比(%)	9.31 ± 2.93	12.66 ± 3.73	24.16 ± 4.07	15.04 ± 7.09
骨骼肌（kg）	26.43 ± 2.69	32.34 ± 4.28	35.37 ± 5.06	31.50 ± 5.43

第二节
研究方法

一、运动模型的建立

本实验所采用的是 Ellestad A 运动方案，其为一次性运动干预。Ellestad A 运动方案是在运动跑台（h/p/cosmoscos10253 德国）所进行的一种递增负荷运动试验，其由四个等级构成，每个等级时间、坡度相同，但速度不相同。由于 Ellestad A 运动方案初始速度较慢，级差不大，可以使机体较好地进入运动状态，调动机体生理机能的变化。因此对于不常锻炼人群，使用此方案既能够较好地调动生理机能，也能测得机体的心肺功能。

二、Ellestad A 运动方案

Ellestad A 运动方案属于递增负荷运动的一种，亦被称为心肺运动试验，在试验过程中，随着运动负荷的逐渐增加，机体的需氧量也会随之增加，由此机体内部也会产生一系列的变化，如心率上升、血压升高、呼吸急促、气体代谢速度加快等一系列的生理变化也会随之而来。通过递增负荷运动试验可以评定机体的循环情况，机体利用氧气及二氧化碳的排出情况，从而判断心肺功能及负荷能力。

Ellestad A 运动方案是由运动跑台上设置的 4 级规定速度与坡度所构成的递增负荷运动，由于 Ellestad A 运动方案起始速度相对较低，每级负荷运动时间 3min，且每级速度间差别不大，可以比较稳定的调动人体生理机能变化，便于观察监测人体生理功能变化。其运动方案分为 4 级，每级持续 3min，共 12min（如表 2-3）。

表 2-3　Ellestad A 运动方案

级数	时间	速度	坡度
1 级	3min	2.7km/h	10.0%
2 级	3min	4.8km/h	10.0%
3 级	3min	6.4km/h	10.0%
4 级	3min	8.0km/h	10.0%

三、实验阶段

（一）预实验阶段

在 Ellestad A 运动方案进行之前，对每组 50% 的实验对象进

行预实验。

预实验时间：正式实验前两周，下午 15:00 至 17:00。

预实验内容：预实验对象需进行 Ellestad A 运动方案测试，并记录预实验对象每级结束时的心率，并对其主观感觉进行记录。测试全程需佩戴 polar 表。

预实验地点：陕西师范大学文津楼 1103 等速实验室。

（二）正式实验阶段

实验地点：陕西师范大学文津楼 1103 等速实验室。

实验对象：陕西师范大学一年级、二年级男生。

实验时间：运动试验时间为每天下午 15:00 至 17:00

实验要求：为尽可能降低其他因素对实验的影响，在实验进行前，要求受试者 72 小时不酗酒、不熬夜、不吃药、不抽烟，不喝咖啡或浓茶，不进行剧烈运动。试验时要求受试者身着运动服、运动鞋，提前 40min 集合做准备活动，讲解试验流程及注意事项，避免意外。

四、实验流程

受试者在上跑台前佩戴 Polar 表，观察实时动态心率，采集 10 分钟坐姿安静心率，上跑台后系好安全带。在运动开始后，每级运动持续 3min，每级运动末和初，测试人员都会询问受试者的主观感受并记录。运动结束后，使受试者进行积极性休息，采集运动后 10min 动态心率。10min 后摘下 Polar 表，待确认受试者安全后方可离开。

五、文献资料法

本文以"心率变异性""运动""递增负荷运动""身体质量指数""肥胖""体重不足"等为关键词,在中国知网、陕西师范大学图书馆 Web of Science、Nature 等外文数据库进行搜索,对所查文献以"身体质量指数与身体机能""运动干预与心率变异性""急性运动与心率变异性"和"肥胖与心率变异性"为主题进行梳理分析,将所梳理文献以表格形式进行总结。

六、HRV 数据的采集与处理

HRV 数据采集:本次实验所使用的测试仪器为 ActiGraph GT9-X Link(美国)。为确保试验的顺利进行,在测试的前一天为 ActiGraph GT9-X Link 仪器充电。在测试开始前 20min,使用 ActLife 软件对仪器进行设置,将设置好的手表佩戴于受试者的左手手腕处。对于动态心率的采集,使用的是 Polar 表,首先使用医用酒精对 Polar 表表带进行清洁,佩戴于受试者的左侧胸部下方。

HRV 指标采集:本次实验主要采集运动前、运动后 5min 动态心率,通过 ActiLife 导出 RR 间期数据,将导出的 RR 间期数据使用 Kubios 软件进行分析。统计时域指标 SDNN、RMSSD、PNN50,频域指标 VLF、LF、HF、LF/HF,非线性指标 SD1、SD2。

七、数理统计法

对所得的 RR 间期数据使用 Kubios 软件进行分析,得到 HRV 时域指标、频域指标和非线性指标,对所得到的 HRV 各指标使用 SPSS26.0 进行处理分析,经 S-W 检验后发现 HRV 指标不符合正态分布，由于其指标不符合正态分布，故采用非参数检验对数据进行分析，所有数据使用中位数与四分位数表示，组内变化使用非参数 Wilcoxon 符号秩检验，对于组间变化使用 Kruskal-Wallis H 检验，由于数据不符合单因素协方差分析的条件，为排除协变量对运动后结果的影响，故使用 HRV 各指标运动前后差值来排除协变量的干扰；对于 BMI 与 HRV 各指标的相关性，使用spearman相关系数进行分析，最后使用GraphPad Prism8.0作图，组间与组内差异均使用 p 值来表示，$p < 0.05$ 即为有显著性差异，$p < 0.01$ 即为有极显著性差异。

:::::::: **第二章**
研究结果

第一节

不同 BMI 组 Ellestad A 方案运动前后 HRV 比较

一、不同 BMI 组 Ellestad A 方案运动前后 HRV 比较

（一）三组运动前后 HRV 时域指标比较

1. 本研究对运动前后不同组别 HRV 时域指标 SDNN 进行了监测，测试结果如表 2-4-1、表 2-4-2 和图 2-1 所示。

表 2-4-1　时域指标 SDNN 三组运动前后及差值结果（ms）

组别	Pre	Post	差值
UW	48.29（43.12~73.15）	8.97（6.32~11.71）**	41.68（32.55~59.34）
NW	53.81（44.39~72.49）	9.81（5.73~21.17）**	38.09（34.42~59.05）
OW	43.77（32.56~58.21）	6.18（5.61~7.59）**#	38.16（25.45~50.62）

注1：与运动前相比，*$p < 0.05$，**$p < 0.01$；与正常组相比，#$p < 0.05$，##$p < 0.01$；与偏瘦组相比，&$p < 0.05$，&&$p < 0.01$。

注2：UW：偏瘦组；NW：正常组；OW：超重组；Pre：运动前，Post：运动后。（下同）

表 2-4-2　时域指标 SDNN 变化相对值比较（%）

组别	Pre（与 NW 比较，%）	Post（与 NW 比较，%）	$[(Post/Pre)^{-1}] \times 100$
UW	−10.25	−8.56	−81.42
NW	0	0	−81.77
OW	−18.66	−37.00	−85.88

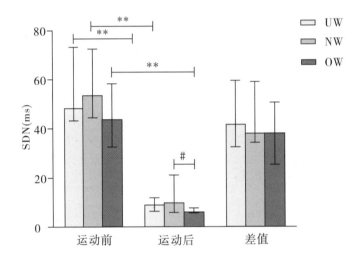

图 2-1　时域指标 SDNN 三组运动前后及差值比较

由表 2-4-1 和图 2-1 可知，UW 组 HRV 时域指标 SDNN 运动前中位数为 48.29，运动后 HRV 中位数为 8.97，差值中位数为 41.68；NW 组 HRV 时域指标 SDNN 运动前中位数为 53.81，运动后中位数为 9.81，差值中位数为 39.09；OW 组 HRV 时域指标 SDNN 运动前中位数为 43.77，运动后中位数为 6.18，差值中位数为 38.16。

采用 Wilcoxon 符号秩检验分析，UW 组 Z=−3.408，$p < 0.01$，说明运动后 UW 组 HRV 时域指标 SDNN 显著性降低；NW 组 Z=−3.408，$p < 0.01$，说明运动后 NW 组 HRV 时域指标 SDNN 显

著性降低；OW 组 Z=-3.408，$p < 0.01$，说明运动后 OW 组 HRV 时域指标 SDNN 显著性降低。

采用 Kruskal-Wallis H 检验，比较不同身体质量指数人群之间 HRV 时域指标 SDNN 的差异，对于具有显著性差异的组别，采用 Bonferroni 法校正显著性水平的事后两两比较。运动前各组 HRV 时域指标 SDNN 分布不全相同，其差异性不显著（H=5.037，$p > 0.05$）；运动后各组 HRV 时域指标 SDNN 分布不全相同，其差异性显著（H=8.002，$p < 0.05$），两两比较发现，OW 组与 NW 组 SDNN 值（调整后 $p < 0.05$）的差异性显著，其他组之间无显著性差异；各组 HRV 时域指标 SDNN 差值分布不全相同，其差异性不显著（H=0.801，$p > 0.05$）。

与 NW 相比（表 2-4-2），运动前 UW 组 SDNN 低 10.25，OW 组低 10.66；运动后 UW 组 SDNN 下降 8.56%，OW 组下降 37.00%。运动后与运动前相比，SDNN 均下降 80% 以上，其中 OW 组下降幅度最大（85.88%）。

2. 本研究对运动前后不同组别 HRV 时域指标 RMSSD 进行了监测，测试结果如表 2-5-1、表 2-5-2 和图 2-2 所示。

表 2-5-1　时域指标 RMSSD 三组运动前后及差值结果（ms）

组别	Pre（与 NW 比较，%）	Post（与 NW 比较，%）	差值
UW	50.47（40.87~76.77）	7.96（4.92~10.63）**	38.77（35.35~67.40）
NW	52.98（38.32~70.23）	9.18（5.13~17.53）**	44.12（29.66~50.84）
OW	37.37（29.69~56.50）&	5.84（4.43~7.02）***	30.61（22.56~48.54）

注：与运动前相比，*$p < 0.05$，**$p < 0.01$；与正常组相比，#$p < 0.05$，##$p < 0.01$；与偏瘦组相比，&$p < 0.05$，&&$p < 0.01$。

表 2-5-2 时域指标 MSSD 变化相对值比较（%）

组别	Pre	Post	[（Post/ Pre）⁻¹]×100
UW	-4.74	-13.29	-84.23
NW	0	0	-82.67
OW	-29.46	-36.38	-87.37

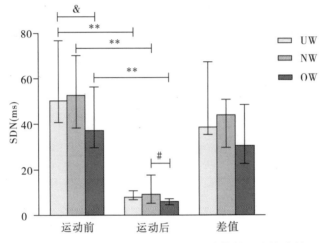

图 2-2 时域指标 RMSSD 三组运动前后及差值比较

由表 2-5-1 和图 2-2 可知，UW 组 HRV 时域指标 RMSSD 运动前中位数为 50.47，运动后中位数为 7.96，差值中位数为 38.77；NW 组 HRV 时域指标 RMSSD 运动前中位数为 52.98，运动后中位数为 9.18，差值中位数为 44.12；OW 组 HRV 时域指标 RMSSD 中位数为 37.37，运动后中位数为 5.84，差值中位数为 30.61。

采用 Wilcoxon 符号秩检验分析，UW 组 Z=-3.408，$p < 0.01$，说明运动后 UW 组 HRV 时域指标 RMSSD 显著性降低；NW 组 Z=-3.408，$p < 0.01$，说明前运动后 NW 组 HRV 时域指标 RMSSD 显著性降低；OW 组 Z=-3.408，$p < 0.01$，说明运动后 OW 组 HRV 时域指标 RMSSD 显著性降低。

采用 Kruskal–Wallis H 检验，比较不同身体质量指数人群之间
HRV 时域指标 RMSSD 的差异，对于具有显著性差异的组别，采用
Bonferroni 法校正显著性水平的事后两两比较。运动前各组 HRV 时
域指标 RMSSD 分布不全相同，RMSSD 差异性显著（H=6.602，
$p < 0.05$）；两两比较发现，UW 组与 OW 组 RMSSD 值（调整后
$p < 0.05$）的差异性显著；运动后各组 HRV 时域指标 RMSSD 分
布不全相同，RMSSD 差异性显著（H=8.002，$p < 0.05$），两两比较
发现，OW 组与 NW 组 RMSSD 值（调整后 $p < 0.05$）的差异性显著；
各组 HRV 时域指标 RMSSD 差值分布不全相同，但其差异性不显
著（H=4.254，$p > 0.05$）。

由表 2-5-2 可知，与 NW 相比，运动前 UW 组时域指标
RMSSD 低 4.74%，OW 组低 29.46%；运动后 UW 组 RMSSD 下降
13，29%，OW 组下降 36.38%。运动后与运动前相比，RMSSD 均
下降 80% 以上，其中 OW 组下降幅度最大（87.37%），UW 组、
NW 组分别下降 84.23% 和 82.67%。

3. 本研究对运动前后不同组别 HRV 时域指标 PNN50 进行了
监测，测试结果如表 2-6-1、表 2-6-2 和图 2-3 所示。

表 2-6-1　时域指标 PNN50 三组运动前后及差值结果（ms）

组别	Pre	Post	差值
UW	34.14（13.74~49.87）	0.33（0~0.77）**	33.06（13.74~49.55）
NW	27.83（17.49~37.57）	0.67（0~0.98）**	27.05（16.70~37.46）
OW	13.52（7.10~30.71）&	0（0~0.13）***#	13.52（7.01~31.58）&

注：与运动前相比，*$p < 0.05$，**$p < 0.01$；与正常组相比，#$p < 0.05$，
##$p < 0.01$；与偏瘦组相比，&$p < 0.05$，&&$p < 0.01$。

表 2-6-2　时域指标 MSSD 变化相对值比较（%）

组别	Pre（与NW比较，%）	Post（与NW比较，%）	[（Post/Pre）$^{-1}$]×100
UW	+22.67	−50.75	−99.03
NW	0	0	−97.59
OW	−51.42	−100	−100

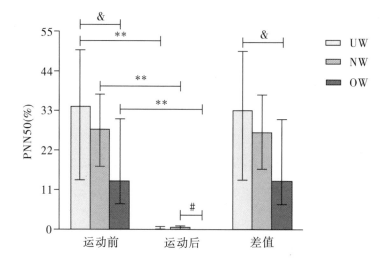

图 2-3　时域指标 PNN50 三组运动前后及差值比较

由表 2-6-1 和图 2-3 可知，UW 组 HRV 时域指标 PNN50 运动前中位数为 34.14，运动后中位数为 0.33，差值中位数为 33.06；NW 组 HRV 时域指标 PNN50 运动前中位数为 27.83，运动后中位数为 0.67，差值中位数为 0.67；OW 组 HRV 时域指标 PNN50 运动前中位数为 13.52，运动后中位数为 0，差值中位数为 0。

采用 Wilcoxon 符号秩检验分析，UW 组 Z=−3.408，$p < 0.01$，说明运动后 UW 组 HRV 时域指标 PNN50 显著性降低；NW 组 Z=−3.408，$p < 0.01$，说明运动后 NW 组 HRV 时域指标

PNN50 显著性降低；OW 组 Z=-3.408，$p < 0.01$，说明运动后 OW 组 HRV 时域指标 PNN50 显著性降低。

采用 Kruskal-Wallis H 检验，比较不同身体质量指数人群之间 HRV 时域指标 PNN50 的差异，对于具有显著性差异的组别，采用 Bonferroni 法校正显著性水平的事后两两比较。运动前各组 HRV 时域指标 PNN50 分布不全相同，其差异性显著（H=7.21，$p < 0.05$），两两比较发现，UW 组与 OW 组 PNN50 值（调整后 $p < 0.05$）的差异性显著；运动后各组 HRV 时域指标 PNN50 分布不全相同，其差异性显著（H=7.106，$p < 0.05$），两两比较发现，OW 组与 NW 组 PNN50 值（调整后 $p < 0.05$）的差异性显著；PNN50 差值分布不全相同，其差值差异性显著（H=6.311，$p < 0.05$），两两比较发现，OW 组与 UW 组 PNN50 差值（调整后 $p < 0.05$）的差异性显著，其他组之间无显著性差异。

由表 2-6-2 可知，与 NW 相比，运动前 UW 组时域指标 PNN50 高 22.67%，OW 组低 51.42%；运动后 UW 组 PNN50 下降 50.75%，OW 组下降 100%。运动后与运动前相比，RMSSD 均下降 90% 以上，其中 OW 组下降幅度最大（100%），UW 组、NW 组分别下降 99.03%、97.59%。

（二）三组运动前后 HRV 频域指标比较

1. 本研究对运动前后不同组别 HRV 频域指标 VLF 进行了监测，测试结果如表 2-7-1、表 2-7-2 和图 2-4 所示。

表 2-7-1   频域指标 VLF 三组运动前后及差值结果（ms²）

组别	Pre	Post	差值
UW	119.79（116.68~137.78）##	4.40（3.02~12.30）**	114.48（103.76~133.68）##
NW	212.41（148.41~253.77）&&	4.95（2.19~13.01）**	202.12（145.94~243.04）&&
OW	225.67（174.67~256.17）&&	13.25（7.02~14.32）**	211.35（166.98~237.41）&&

注：与运动前相比，$*p < 0.05$，$**p < 0.01$；与正常组相比，$\#p < 0.05$，$\#\#p < 0.01$；与偏瘦组相比，$\&p < 0.05$，$\&\&p < 0.01$。

表 2-7-2   时域指标 VLF 变化相对值比较（%）

组别	Pre（与NW比较，%）	Post（与NW比较，%）	[（Post/Pre）⁻¹]×100
UW	−43.60,	−11.11	−96.33
NW	0	0	−97.66
OW	+ 6,24	+ 167.68	−94.13

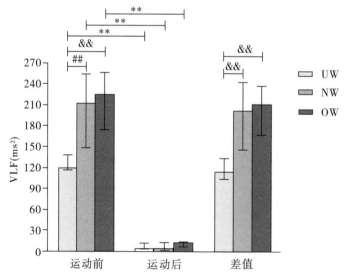

图 2-4   频域指标 VLF 三组运动前后及差值比较

由表 2-7-1 和图 2-4 可知，UW 组 HRV 频域指标 VLF 运动前中位数为 119.79，运动后中位数为 4.40，差值中位数为 114.48；NW 组 HRV 频域指标 VLF 运动前中位数为 212.41，运动后位数为 4.95，差值中位数为 202.12；OW 组 HRV 频域指标 VLF 运动前中位数为 225.67，运动后中位数为 13.25，差值中位数为 211.35。

采用 Wilcoxon 符号秩检验分析，UW 组 Z=-3.408，$p < 0.01$，说明运动后 UW 组 HRV 频域指标 VLF 显著性降低；NW 组 Z=-3.408，$p < 0.01$，说明运动后 NW 组 HRV 频域指标 VLF 显著性降低；OW 组 Z=-3.408，$p < 0.01$，说明运动后 OW 组 HRV 频域指标 VLF 显著性降低。

采用 Kruskal-Wallis H 检验，比较不同身体质量指数人群之间 HRV 频域指标 VLF 的差异，对于具有显著性差异的组别，采用 Bonferroni 法校正显著性水平的事后两两比较。运动前各组 HRV 频域指标 VLF 分布不全相同，其差异性显著（H=17.584，$p < 0.01$），两两比较发现，UW 组与 NW 组 VLF 值（调整后 $p < 0.01$）的差异性极显著，UW 组与 OW 组 VLF 值（调整后 $p < 0.01$）的差异性极显著；运动后各组 HRV 频域指标分布不全相同，VLF 差异性不显著（H=4.221，$p > 0.05$）；各组 VLF 差值分布不全相同，其差异性极显著（H=16.925，$p < 0.01$），两两比较发现，UW 组与 NW 组 VLF 差值（调整后 $p < 0.01$）的差异性极显著，UW 组与 OW 组 VLF 差值（调整后 $p < 0.01$）的差异性极显著，其他组之间无显著性差异。

由表 2-7-2 可知，与 NW 相比，运动前 UW 组频域指标 VLF

低 4.60%，OW 组高 6.24%；运动后 UW 组 VLF 下降 11.11%，OW 组上升 167.68。运动后与运动前相比，VLF 均下降 90% 以上，其中 UW 组下降 96.33%，OW 下降 94.13%，NW 下降 97.66%。

2. 本研究对运动前后不同组别 HRV 频域指标 LF 进行了监测，测试结果如表 2-8-1 和图 2-5 所示。

表 2-8-1　频域指标 LF 三组运动前后及差值结果（ms^2）

组别	Pre	Post	差值
UW	905.53 （621.11~1388.10）	20.90（15.48~23.01）**	867.84 （606.98~1376.56）
NW	1265 （948.60~1690.80）	18.69（14.52~33.07）**	1228.88 （932.93~1672.41）
OW	1308.8 （1020.21~1893.5）	22.43（18.55~32.97）**	1286.32 （998.28~1868.42）

注：与运动前相比，*$p < 0.05$，**$p < 0.01$；与正常组相比，#$p < 0.05$，##$p < 0.01$；与偏瘦组相比，&$p < 0.05$，&&$p < 0.01$。

表 2-8-2　频域指标 LF 三组变化相对值比较（%）

组别	Pre（与 NW 比较，%）	Post（与 NW 比较，%）	[（Post/ Pre）$^{-1}$] ×100
UW	−28.42	+11.82	−97.69
NW	0	0	−98.52
OW	+3.46	+20.01	−98.28

由表 2-8-2 可知，与 NW 相比，运动前 UW 组频域指标 LF 低 28.42%，OW 组高 3.46%；运动后 UW 组 LF 上升 11.82%，OW 组上升 20.01。运动后与运动前相比，LF 均下降 90% 以上，

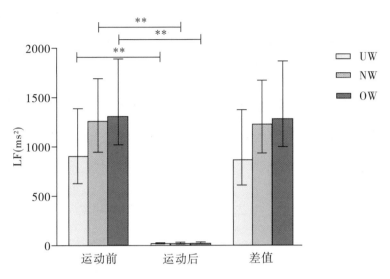

图 2-5　频域指标 LF 三组运动前后及差值比较

其中 UW 组下降 97.69%，OW 下降 98.28%，NW 下降 97.69%。

由表 2-8-1 和图 2-5 可知，UW 组 HRV 频域指标 LF 运动前中位数为 905.53，运动后中位数为 20.90，差值中位数为 867.84；NW 组 HRV 频域指标 LF 运动前中位数为 1265，运动后中位数为 18.69，差值中位数为 1228.88；OW 组 HRV 频域指标 LF 运动前中位数为 1308.80，运动后中位数为 22.43，差值中位数为 1286.32。

采用 Wilcoxon 符号秩检验分析，UW 组 Z=-3.408，$p < 0.01$，说明运动后 UW 组 HRV 频域指标 LF 显著性降低；NW 组 Z=-3.408，$p < 0.01$，说明运动后 NW 组 HRV 频域指标 LF 显著性降低；OW 组 Z=-3.408，$p < 0.01$，说明运动后 OW 组 HRV 频域指标 LF 显著性降低。

采用 Kruskal-Wallis H 检验，比较不同身体质量指数人群之间 HRV 频域指标 LF 的差异，对于具有显著性差异的组别，采用 Bonferroni 法校正显著性水平的事后两两比较。运动前各组 HRV

频域指标 LF 分布不全相同，但其差异性不显著（H=4.496，$p >$ 0.05）；运动后各组 HRV 频域指标 LF 分布不全相同，但其差异性不显著（H=1.415，$p > 0.05$）；各组 LF 差值分布不全相同，LF 差值差异性不显著（H=4.502，$p > 0.05$）。

3. 本研究对运动前后不同组别 HRV 频域指标 HF 进行了监测，测试结果如表 2-9-1、表 2-9-2 和图 2-6 所示。

表 2-9-1　频域指标 HF 三组运动前后及差值结果（ms^2）

组别	Pre	Post	差值
UW	772.10 （432.04~1139.60）	21.03（9.50~32.99）[**]	755.66 （415.72~1102.35）
NW	977.31 （658.50~1145.20）	20.99（14.16~42.58）[**]	934.73 （640.75~1098.01）
OW	619.50 （317.08~1091.60）	11.24（6.18~15.56）[**##]	603.94 （311.80~1080.36）

注：与运动前相比，*$p < 0.05$，**$p < 0.01$；与正常组相比，#$p < 0.05$，##$p < 0.01$；与偏瘦组相比，&$p < 0.05$，&&$p < 0.01$。

表 2-9-2　频域指标 HF 三组变化相对值比较（%）

组别	Pre（与 NW 比较，%）	Post（与 NW 比较，%）	[（Post/ Pre）$^{-1}$] × 100
UW	−20.99	+0.19	−97.28
NW	0	0	−97.85
OW	−6.61	−46.07	−98.19

由表 2-9-2 可知，与 NW 相比，运动前 UW 组频域指标 HF 低 20.99%，OW 组低 6.61%；运动后 UW 组 HF 上升 0.19%，OW

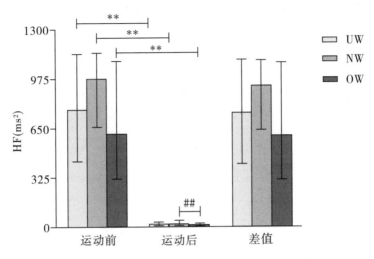

图 2-6 频域指标 HF 三组运动前后及差值比较

组下降 46.45%。运动后与运动前相比，HF 均下降 90% 以上，其中 UW 组下降 97.28%，OW 下降 98.19%，NW 下降 97.85%。

由表 2-9-1 和图 2-6 可知，UW 组 HRV 频域指标 HF 运动前中位数为 772.10，运动后中位数为 21.03，差值中位数为 755.66；NW 组 HRV 频域指标 HF 运动前中位数为 977.31，运动后中位数为 20.99，差值中位数为 934.73；OW 组 HRV 频域指标 HF 运动前中位数为 619.50，运动后中位数为 11.24，其差值中位数为 603.94。

采用 Wilcoxon 符号秩检验分析，UW 组 Z=-3.408，$p < 0.01$，说明运动后 UW 组 HRV 频域指标 HF 显著性降低；NW 组 Z=-3.408，$p < 0.01$，说明运动后 NW 组 HRV 频域指标 HF 显著性降低；OW 组 Z=-3.408，$p < 0.01$，说明运动后 OW 组 HRV 频域指标 HF 显著性降低。

采用 Kruskal-Wallis H 检验，比较不同身体质量指数人群之间 HRV 频域指标 HF 的差异，对于具有显著性差异的组别，采用

Bonferroni 法校正显著性水平的事后两两比较。运动前各组 HRV
频域指标 HF 分布不全相同，但其差异性不显著（H=3.238，
$p > 0.05$）；运动后各组 HRV 频域指标 HF 分布不全相同，HF
差异性极显著（H=10.437，$p < 0.01$），两两比较发现，OW 组
与 NW 组 HF 值（调整后 $p < 0.01$）的差异性极显著；各组 HF
差值分布不全相同，其差值差异性不显著（H=2.514，$p > 0.05$），
其他组之间无显著性差异。

4. 本研究对运动前后不同组别 HRV 频域指标 LF/HF 进行了
监测，测试结果如表 2-10-1、表 2-10-2 和图 2-7 所示。

表 2-10-1　频域指标 LF/HF 三组运动前后及差值结果

组别	Pre	Post	差值
UW	1.59（1.27~1.80）	1.11（0.63~1.89）	0.44（0.03~0.64）
NW	1.40（1.18~1.63）	0.82（0.72~1.08）**	0.58（0.28~0.71）
OW	1.81（1.35~3.18）#	2.39（1.41~3.51）&&##	−0.05（−1.41~0.40）#

注：与运动前相比，*$p < 0.05$，**$p < 0.01$；与正常组相比，#$p < 0.05$，
##$p < 0.01$；与偏瘦组相比，&$p < 0.05$，&&$p < 0.01$。

表 2-10-2　频域指标 LF/HF 三组变化相对值比较（%）

组别	Pre（与 NW 比较，%）	Post（与 NW 比较，%）	[（Post/ Pre）$^{-1}$]×100
UW	+13,57	+36.37	−30.18
NW	0	0	−41.43
OW	+29.29	+191.46	+32.04

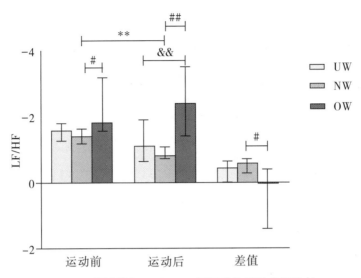

图 2-7 频域指标 LF/HF 三组运动前后及差值比较

由表 2-10-1 和图 2-7 可知，UW 组 HRV 频域指标 LF/HF 运动前中位数为 1.59，运动后中位数为 1.11，差值中位数为 0.44；NW 组 HRV 频域指标 LF/HF 运动前中位数为 1.40，运动后中位数为 0.82，差值中位数为 0.58；OW 组 HRV 频域指标 LF/HF 运动前 LF/HF 中位数为 1.81，运动后中位数为 2.39，差值中位数为 –0.05。

采用 Wilcoxon 符号秩检验分析，UW 组 Z=-1.704，$p > 0.05$，说明运动后 UE 组 HRV 频域指标 LF/HF 无显著性变化；NW 组 Z=-0.398，$p < 0.01$，说明运动后 NW 组 HRV 频域指标 LF/HF 显著性降低；OW 组 Z=-0.398，$p > 0.05$，运动后 OW 组 HRV 频域指标 LF/HF 降低程度不具有统计学意义。

采用 Kruskal-Wallis H 检验，比较不同身体质量指数人群之间 HRV 频域指标 LF/HF 的差异，对于具有显著性差异的组别，采用 Bonferroni 法校正显著性水平的事后两两比较。运动前各组 HRV 频域指标 LF/HF 分布不全相同，其差异性显著（H=7.91，$p < 0.05$），两两比较发现，OW 组与 NW 组 LF/HF 值（调整后

$p < 0.05$）的差异性显著；运动后各组 HRV 频域指标 LF/HF 分布不全相同，其差异性显著（H=19.738，$p < 0.01$），两两比较发现，OW 组与 UW 组 LF/HF 值（调整后 $p < 0.01$）的差异性极显著，OW 组与 NW 组 LF/HF 值（调整后 $p < 0.01$）的差异性极显著；各组 LF/HF 差值分布不全相同，其差值差异性显著（H=7.256，$p < 0.05$），两两比较发现，NW 组与 OW 组 LF/HF 差值（调整后 $p < 0.05$）的差异性显著，其他组之间无显著性差异。

由表 2-10-2 可知，与 NW 相比，运动前 UW 组频域指标 LF/HF 高 13.57%，OW 组高 29.29%；运动后 UW 组 LF/HF 上升 36.37%，OW 组上升 191.46%。运动后与运动前相比，LF/HF 均下降 30% 以上，其中 UW 组下降 30.18%，OW 上升 32.04%，NW 下降 41.43%。

不同分组在 Ellestad A 方案运动前后 HRV 的频域指标都会发生变化，本研究对 Ellestad A 方案运动前后 HRV 时域指标 VLF、LF、HF 进行了监测，其运动前后时频图的变化趋势如图 2-8 所示。

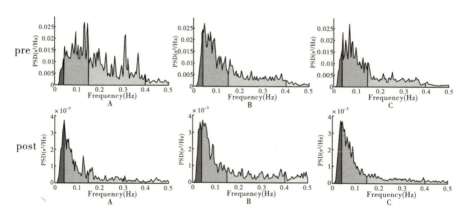

图 2-8　三组运动前后频域指标功率谱变化示意图

注：VLF（0~0.04Hz）；LF（0.04~0.15Hz）；HF（0.15~0.4Hz）；PSD（纵坐标代表反映功率谱密度）；偏瘦组；B：正常组；C 超重组。

（三）三组运动前后 HRV 非线性指标比较

1. 本研究对运动前后不同组别 HRV 非线性指标 SD1 进行了监测，测试结果如表 2-11-1、表 2-11-2 和图 2-9 所示。

表 2-11-1　非线性指标 SD1 三组运动前后及差值结果

组别	Pre	Post	差值
UW	35.74（28.94~54.35）	5.63（3.48~7.52）**	27.46（25.04~47.72）
NW	37.52（27.13~49.72）	6.50（4.60~12.41）**	30.60（19.00~34.60）
OW	26.46（21.02~40.00）&	4.38（3.13~4.97）***#	21.68（16.51~32.59）

注：与运动前相比，*$p < 0.05$，**$p < 0.01$；与正常组相比，#$p < 0.05$，##$p < 0.01$；与偏瘦组相比，&$p < 0.05$，&&$p < 0.01$。

表 2-11-2　非线性指标 SD1 三组变化相对值比较（%）

组别	Pre（与 NW 比较，%）	Post（与 NW 比较，%）	[（Post/ Pre）$^{-1}$]×100
UW	−4.74	−13.38	−84.24
NW	0	0	−82.69
OW	−29.48	−32.62	−82.09

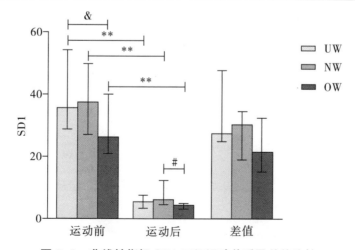

图 2-9　非线性指标 SD1 三组运动前后及差值比较

由表 2-11-1 和图 2-9 可知，UW 组 HRV 非线性指标 SD1 运动前中位数为 35.74，运动后中位数为 5.63，差值中位数为 27.46；NW 组 HRV 非线性指标 SD1 运动前中位数为 37.52，运动后中位数为 6.50，差值中位数为 30.60；OW 组 HRV 非线性指标 SD1 运动前中位数为 26.46，运动后中位数为 4.38，差值中位数为 21.68。

采用 Wilcoxon 符号秩检验分析，UW 组 Z=-3.408，$p < 0.01$，说明运动后 UW 组 HRV 非线性指标 SD1 显著性降低；NW 组 Z=-3.408，$p < 0.01$，说明运动后 NW 组 HRV 非线性指标 SD1 显著性降低；OW 组 Z=-3.408，$p < 0.01$，说明运动后 OW 组 HRV 非线性指标 SD1 显著性降低。

采用 Kruskal-Wallis H 检验，比较不同身体质量指数人群之间 HRV 非线性指标 SD1 的差异，对于具有显著性差异的组别，采用 Bonferroni 法校正显著性水平的事后两两比较。运动前各组 HRV 非线性指标 SD1 分布不全相同，其差异性显著（H=6.361，$p < 0.05$），两两比较发现，UW 组与 OW 组 SD1 值（调整后 $p < 0.05$）的差异性显著；运动后各组 HRV 非线性指标 SD1 分布不全相同，其差异性显著（H=6.967，$p < 0.05$），两两比较发现，OW 组与 NW 组 SD1 值（调整后 $p < 0.05$）的差异性显著；各组 SD1 差值分布不全相同，但其差值差异性不显著（H=3.479，$p > 0.05$）；其他组之间无显著性差异。

由表 2-11-2 可知，与 NW 相比，运动前 UW 组非线性指标 SD1 低 4.74%，OW 组低 29.48%；运动后 UW 组 SD1 下降 13.38%，OW 组下降 32.62%。运动后与运动前相比，SD1 均下降 80% 以上，其中 UW 组下降 84.24%，OW 下降 82.09%，NW 下降 82.69%。

2. 本研究对运动前后不同组别 HRV 非线性指标 SD2 进行了监测，测试结果如表 2-12-1、表 2-12-2 和图 2-10 所示。

表 2-12-1　非线性指标 SD2 三组运动前后及差值结果

组别	Pre	Post	差值
UW	54.73（50.67~90.29）	11.12（7.36~13.79）**	43.72（39.66~71.61）
NW	64.31（54.80~89.70）	12.73（9.29~18.39）**	59.10（39.17~78.15）
OW	58.05（36.84~71.96）	7.66（6.72~8.86）**##	51.21（29.21~69.30）

注：与运动前相比，$*p < 0.05$，$**p < 0.01$；与正常组相比，$\#p < 0.05$，$\#\#p < 0.01$；与偏瘦组相比，$\&p < 0.05$，$\&\&p < 0.01$。

表 2-12-2　非线性指标 SD2 三组运动前后及差值结果

组别	Pre（与 NW 比较，%）	Post（与 NW 比较，%）	[（Post/ Pre）$^{-1}$] ×100
UW	−14.89	−12.65	−79.08
NW	0	0	−80.20
OW	−9.73	−39.83	−86.80

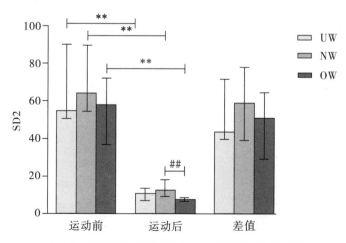

图 2-10　非线性指标 SD2 三组运动前后及差值比较

由表 2-12-1 和图 2-10 可知，UW 组 HRV 非线性指标 SD2 运动前中位数为 54.73，运动后中位数为 11.12，差值中位数为 43.72；NW 组 HRV 非线性指标 SD2 运动前中位数为 64.31，运动后中位数为 12.73，差值中位数为 59.10；OW 组 HRV 非线性指标 SD2 运动前中位数为 58.05，运动后中位数为 7.66，差值中位数为 51.21。

采用 Wilcoxon 符号秩检验分析，UW 组 Z=−3.408，$p < 0.01$，说明运动后 UW 组 HRV 非线性指标 SD2 显著性降低；NW 组 Z=−3.408，$p < 0.01$，说明运动后 NW 组 HRV 非线性指标 SD2 显著性降低；OW 组 Z=−3.408，$p < 0.01$，说明运动后 OW 组 HRV 非线性指标 SD2 显著性降低。

采用 Kruskal-Wallis H 检验，比较不同身体质量指数人群之间 HRV 非线性指标 SD2 的差异，对于具有显著性差异的组别，采用 Bonferroni 法校正显著性水平的事后两两比较。运动前各组 HRV 非线性指标 SD2 分布不全相同，但其差异性不显著（H=5.459，$p > 0.05$）；运动后各组 HRV 非线性指标 SD2 分布不全相同，其差异性显著（H=6.634，$p < 0.05$），两两比较发现，OW 组与 NW 组 SD2 值（调整后 $p < 0.01$）的差异性极显著；各组 SD2 差值分布不全相同，但其差值差异性不显著（H=1.545，$p > 0.05$）；其他组之间无显著性差异。

由表 2-12-2 可知，与 NW 相比，运动前 UW 组非线性指标 SD2 低 14.89%，OW 组低 9.73%；运动后 UW 组 SD2 下降 12.65%，OW 组下降 39.83%。运动后与运动前相比，SD2 下降 80% 左右，其中 UW 组下降 79.08%，OW 下降 88.80%，NW 下

降 80.20%。

不同分组在 Ellestad A 方案运动前后 HRV 非线性指标都会发生变化，本研究对 Ellestad A 方案运动前后 HRV 时域指标 SD1、SD2 进行了监测，其运动前后时频图的变化趋势如图 2-11 所示。

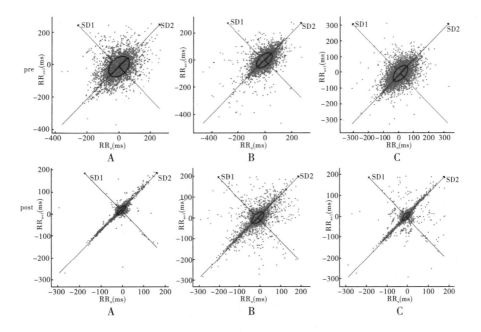

图 2-11　三组运动前后 HRV 非线性指标 Poincare 散点图变化示意图

注：图中每个散点表示 2 个 R-R 间期；SD1 线和 SD2 线的交点表示所有 R-R 间期的均值；SD1 附近的散点为短时变异，SD2 附近的散点为长时变异。A：偏瘦组；B：正常组；C 超重组。

第二节

Ellestad A 方案运动前后 BMI 与 HRV 相关性研究

安静状态下 BMI 与 HRV 各指标是否存在相关性，本研究对安静状态下 BMI 与 HRV 指标进行了监测，BMI 与 HRV 各指标相关性结果如表 2-13 和图 2-12、图 2-13 所示。

表 2-13　BMI 与 HRV 指标相关性研究结果

HRV 指标	Pre		Post	
	r	*p*	r	*p*
SDNN	−0.2374	0.116	−0.2447	0.1053
RMSSD	−0.3812	0.0098**	−0.2851	0.0577
PNN50	−0.402	0.0062**	−0.2663	0.0771
VLF	0.5772	0.000**	0.3324	0.0257*
LF	0.3192	0.0326*	0.2388	0.1141
HF	−0.014	0.9272	−0.2378	0.1158
LF/HF	0.2898	0.0535	0.4327	0.003**
SD1	−0.374	0.0114*	−0.2434	0.1072
SD2	−0.1236	0.4187	−0.2834	0.059

注：*$p < 0.05$，**$p < 0.01$

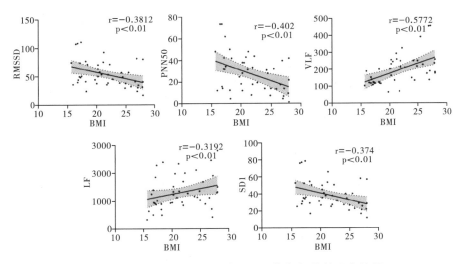

图 2-12　安静状态下 BMI 与 HRV 指标相关性研究结果

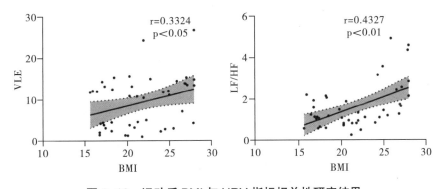

图 2-13　运动后 BMI 与 HRV 指标相关性研究结果

　　由表 2-13 与图 2-12、图 2-13 可知，采用 spearman 相关性分析，结果提示，在安静状态下，BMI 与时域指标 RMSSD，$r=-0.3812$，$p=0.0098 < 0.01$，其结果呈显著负相关，即随着 BMI 的升高，RMSSD 降低；BMI 与时域指标 PNN50，$r=-0.402$，$p=0.0062 < 0.01$，其结果呈显著负相关，即随着 BMI 的升高，PNN50 降低；BMI 与频域指标 VLF，$r=0.5772$，$p=0.000 < 0.01$，其结果呈显著正相关，即随着 BMI 的升高，VLF 升高；BMI 与频域指标 LF，$r=0.3192$，$p=0.0326 < 0.05$，其结果呈显著正相关，即随着 BMI 的升高，

LF 升高；BMI 与非线性指标 SD1，$r=-0.374$，$p=0.0114 < 0.05$，其结果呈显著负相关，即随着 BMI 的升高，SD1 降低。

在运动后，BMI 与频域指标 VLF，$r=0.3324$，$p=0.0257 < 0.05$，其结果呈显著正相关，即随着 BMI 的升高，VLF 升高；BMI 与频域指标 LF/HF，$r=0.4327$，$p=0.003 < 0.01$，其结果呈显著正相关，即随着 BMI 的升高，LF/HF 升高。

第三章
分析与讨论

　　HRV 作为判断心脏自主神经功能的指标，其通过逐次心搏间期的差异，即每次心动周期时间上的微小差异，来判断心脏自主神经系统 SNS 和 PNS 的功能及平衡状态。其凭借操作的便捷性及无创性，被广泛的应用于运动领域，用来监测运动中心脏自主神经的变化，预防运动猝死。本研究对不同身体质量指数的人群进行了运动监测，对其结果进行讨论分析。

第一节
不同 BMI 组 Ellestad A 方案运动前后 HRV 变化分析

　　对于运动前后的心率变异性监测，可有效的预防猝死的发生，大量研究表明，在运动后即刻，心率变异性降低。递增负荷运动能够较好地调动人体的生理机能，在运动与人体的研究中，较多地用于心肺功能实验研究中。在对中长跑运动员心率变异性的研究中，宋淑华等人发现在递增负荷运动后，中长跑运动员 HRV 时域指标 SDNN、RMSSD、PNN50 等与运动前相比显著性下降，即在运动后 PNS 活性显著降低；陈海秋其研究中的肥胖组、超重组和正常组在递增负荷运动后也得到了相同的研究结果，与本研究中对三组运动前后时域指标 SDNN、RMSSD 和 PNN50 的研究结果一致。时域指标 SDNN、RMSSD 在 HRV 中所代表的是副交感神经的活性与张力，其指标在运动后降低，且降低程度具有显著性差异，说明三组在运动后副交感神经活性均降低。学者赵海燕、王林霞对女子足球运动员运动后心率变异性指标 RMSSD 进行了专门性研究，研究表明，无论在何种运动强度下，在运动后 5min 内，时域指标 RMSSD 都呈现显著性下降趋势，运动强度越大，RMSSD 降低的越多，即副交感神经活性降低。在 Mekoulou Ndongo, Jerson[69] 的研究中，喀麦隆无心脏病的健康在校青少年两次间歇性耐力冲刺试验研究结果表明，在运动后即刻 RR 间期极显著性降低，出现左心室肥大，运动后出现左心室肥大是心源性猝死的原因之一。对于是否接受过运动训练的人的一次运动前后的心率变异性，戴海伦对其作了研究比较，研究结果表明，在相同时间、强度与方式的运动后，无论是否经历过运动训练，其 HRV 都呈显著性下降趋势，但无训练者和有训练者在运动后 10min 内心率变异性相比，无训练者的 HRV 较低，副交感神经活性较低。此研究表明，长期的运动训练可增强副交感神经活性，但在一次性运动后，无论是有训练者还是无训练者，其心率变异性均会降低，副交感神经活性显著降低。

ANS 中 SNS 的活性与张力通过频域指标 VLF 与 LF 来反映，PNS 的活性与张力是通过 HF 来反映的，LF/HF 所反映的是 PNS 与 SNS 的平衡性。在本研究中，正常组与超重组运动前后频域指标变化趋势基本一致，与运动前相比，VLF、LF、HF 显著性降低；

LF/HF 指标略有降低，其差异不具有显著性。这一研究结果与刘雪兴对竞技健美操运动员及普通大学生在递增负荷运动前后的频域指标结果相一致，在一次运动后，交感神经与迷走神经与运动前相比呈显著性下降趋势，HRV 降低，表明在运动时副交感神经持续受到抑制。学者郭小玉、李方洁等人研究结果表明亚健康者短时有氧运动后的心率变异性频域指标 HF 降低，LF/HF 显著性升高，对于不常运动、身体机能渐退的亚健康者来讲，在急性运动后，SNS 与 PNS 处于失衡状态，PNS 活性被抑制，SNS 活性增强，占据主导地位[43]。与本研究中的偏瘦组运动后 LF/HF 指标升高相一致，其升高程度不具有显著性差异，同时这一研究结果与陈海秋对肥胖青少年在不同运动负荷下运动前后结果相一致，表明在运动后心自主神经平衡状态中，交感神经兴奋占优势，迷走神经活性被抑制。通过朱蔚莉、甘运标[50]等人急性短时有氧运动对肥胖男性青年的频域指标研究结果证明，急性运动后，频域指标 HF 显著性降低，LF/HF 升高，这表明 SNS 与 PNS 活性平衡状态被破坏，SNS 活性增强，PNS 活性降低。与本研究中三组运动前后频域指标结果相一致，在运动后即刻，HRV 降低，频域指标 HF 显著性降低，表明副交感神经张力减小，交感神经张力增加，在心自主神经系统中占据主导地位。

副交感神经在心脏自主神经系统中属于抑制性神经，交感神经属于兴奋性神经。在安静状态下，二者处于动态平衡之中，副交感神经略占优势。在非线性指标中 SD1 代表副交感神经的活性与张力，SD2 代表的则是交感神经与副交感神经的平衡状态。在陈海秋[67]对肥胖儿童的研究中，运动后副交感神经活性与张力降低。刘丹在悬吊训练和有氧运动后，受试者副交感神经活性与张力降低。宋淑华、刘坚等人对中长跑运动员在一次性递增负荷运动中研究发现，中长跑运动员在递增负荷运动中副交感神经持续受到抑制。虽然研究人群不一致，但大部分研究结果都表明，虽然人群不同，但在一次运动后，其副交感神经受到抑制。在吕维臣的研究中可以得到，长期的运动训练，可使心脏自主神经功能得到提升，但在一次中等强度运动后，SD2 指标下降，虽然其下降程度不如篮球运动员和普通高中生具有显著性差异，但其下降象征着 SNS 与 PNS 的平衡状态被打破，由于 PNS 受到抑制，那么 SNS 占优势地位。

大量文献研究表明，虽然长期锻炼可以增强心脏自主神经功能，但在急性运动后较无锻炼者相比，副交感神经活性相对增强。通过戴海伦等人的研究，无训练者类似本研究中不常运动的受试者来讲，随着运动强度的增大，交感神经张力逐渐增大，副交感神经活性被抑制。对于无训练或无锻炼习惯人群在偶尔的一次运动中，应注意运动强度与运动量，避免交感神经过于兴奋，引起休克、猝死等。陈海秋通过不同运动负荷对不同身体质量指数的青少年心率变异性的研究结果，肥胖和超重青少年在急性运动后，PNS 活性被抑制，SNS 与 PNS 处于失衡状态，并且随着运动强度的增强，PNS 活性被抑制越明显。综上研究表明，对于无训练或无锻炼习惯的肥胖超重人群，在偶尔的急性运动中应注意运动强度与运动时间，注意保护心脏，避免休克与猝死的发生，同时也应加强身体锻炼，增强心脏自主神经功能。

第二节
不同 BMI 组 Ellestad A 方案运动前 HRV 对比分析

　　根据以往研究表示，在安静状态下肥胖、超重人群心脏自主神经功能相比正常体重人群较差。李泽林、孙华保等人根据 BMI 值对 60 及 60 岁以上的健康男性进行分组，研究得到，肥胖组和超重组与正常体重组相比，其代表副交感神经的 HRV 指标 SDNN、SDANN、RMSSD 较低，其研究结果表明在安静状态下肥胖、超重组副交感神经受到抑制。心脏自主神经功能状态对心血管疾病导致的猝死具有重要的预示作用，而心率变异性指标可以反映心脏自主神经功能状态。关玉明、桂永浩等人的研究证明，肥胖儿童 24h 日常心率变异性较正常体重儿童低，其代表副交感神经的 SDANN、RMSSD、HF 等指标较肥胖儿童比较高，其差异程度具有显著性差异，表明肥胖儿童安静状态下副交感神经功能受到抑制。在 J.KOENIG[73] 的研究中发现，使用安静状态下短时 5minRR 间期记录，BMI 与 HRV 存在明显相关性，其研究证明 BMI 与 RMSSD、PNN50 呈负相关，即 BMI 越大，RMSSD、PNN50 越小，与本研究中的偏瘦组、正常组与超重组 RMSSD、PNN50 研究结果相一致，即随着 BMI 的升高，RMSSD、PNN50 降低，且相关性显著，超重组副交感神经张力与活性较小，HRV 降低。此研

究结果表明，BMI 与副交感神经功能密切相关。

虽然在本研究中偏瘦组、正常组与超重组在运动前安静状态下的心率变异性差异存在于 PNN50、RMSSD、VLF、LF/HF、SD1、SD2 中，在 HRV 其余指标中三组之间不具有显著性差异，但其研究结果趋势与以往研究结果相一致，即超重人群在安静状态下，其 SDNN 指标较正常体重人群与偏瘦人群高，即超重人群在安静状态下副交感神经活性与张力较低，HRV 降低。刘凌、陈俊飞等人研究证明，随着 BMI 的升高，其频域指标 LF、VLF 升高，HF 降低，即超重肥胖人群副交感神经活性降低，交感神经活性增强，心自主神经系统功能平衡状态较正常体重与偏瘦人群较差，与本研究 BMI 和频域指标相关性研究结果相一致。关玉明等研究证明，肥胖儿童 HRV 频域指标 HF 较正常体重儿童低，即肥胖儿童副交感神经活性较低。虽然 HRV 在不同年龄段存在差异，但在上述前人的研究中，其研究对象均为同一年龄段人群，研究均表明，在同一年龄段，心脏自主神经功能与身体质量指数存在密切相关性。同时由于 HRV 频域指标受呼吸、体位等众多因素的影响，在本研究中三组 HRV 指标 LF、HF 虽不具有显著性差异，但其结果与以往研究趋势一致。此外本研究中安静状态下超重组频域指标 VLF、LF/HF 显著高于正常组与偏瘦组，超重组交感神经活性较其他两组增强，是否与身体成分、呼吸、体位等因素相关，还有待进一步研究。

刘兆栋[75]通过对超重、肥胖人群的体脂率进行研究时发现，低体重人群即偏瘦人群与超重、肥胖人群相比，虽然其合并症危险性较低，但存在其他临床问题。对于体重与心率变异性的关系，通过学者 Molfino,A 对 25 名血糖、血压正常的健康男性研究结果证明，在安静状态下，BMI < $20kg/m^2$ 的受试者频域指标 HF 显著高于 BMI $20\sim25kg/m^2$ 和 BMI > $25kg/m^2$ 受试者，但 BMI < $20kg/m^2$ 的受试者其年龄显著低于 BMI $20\sim25$ kg/m^2 和 BMI > $25kg/m^2$ 的受试者。有研究表明，随着年龄的增长，其迷走神经活性降低。此外 Molfino，A 的研究发现，个体 BMI 值与频域指标 VLF、LF 相关性不大，与频域指标 HF、LF/HF 相关性较大，即 BMI 值越高，其PNS 活性越低，交感神经 – 迷走神经平衡状态受到影响。但在本研究中，BMI 与 VLF、LF 相关性显著，即随着 BMI 的升高，VLF、LF升高，与 Molfino，A 与研究结果不完全一致，本研究中 BMI 与 LF 相关性不显著，其结果是否受到体位、呼吸等因素的影响，还有待进一步研究。在 Krishna，Pushpa[77] 对超重、正常体重和偏瘦人群心脏自主神经活动的研究结果表明，超重年轻人的 HRV 降低，与正常组相比，超重组具有更低的 HF，但不具有显著性差异。Fabiano Henrique Rodrigues Soares[78] 研究表明，心自主神经失衡随着身体质量指数的增加而增加。同时 The GBD Obesity Collaborators[79] 将 BMI（$25kg/m^2$ 和 $30kg/m^2$）作为临界点进行了详尽的检查，发现 BMI 是发病率和死亡率风险增加的明确指标，并具有检测心脏代谢紊乱的鉴别能力。在 Fabiano Henrique Rodrigues Soares 研究中发现，HF 所评估的副交感神经活性在不同 BMI 分组中有所差异，虽然在他的研究中未对偏瘦人群进行研究，但其他研究证明 HF 随着 BMI 的升高而降低，与本研究中偏瘦组 HF 指标高于超重相一致。

Antonio Ivano Triggiani[80] 研究表明，体重不足组与超重组 HF降低，HRV 指标的降低与 FM 范围的变化相关，证明在体重不足组和超重组受试者中，心自主神经功能的适应性与灵活性降低。在 Kaufman[81] 研究中也发现与体重不足的儿童相比，肥胖儿童的 LF/HF 比值增加，HF 指标下降。与本研究中三组安静状态下频域指标结果相一致，正常组与偏瘦组 HF 高于超重组；超重组 LF/HF 与偏瘦组、正常组相比差异性显著。表明超重组 PNS 活性受到抑制，SNS-PNS 平衡状态中 SNS 活性占优势地位，PNS 活性被抑制。本研究表明副交感神经活性受频域指标 HF 影响。

综上所述，安静状态下，心率变异性受 BMI 的影响，随着 BMI 的升高，HRV 降低。

第三节

不同 BMI 组 Ellestad A 方案运动后 HRV 对比分析

体育锻炼对心血管的益处是无可争议的，但随着心率变异性在体育领域的应用，更多研究表明，心律失常可能是由剧烈运动引起的，在运动后即刻和心率恢复期间，心源性猝死发生的概率大大增加。学者 Maria Korre ScD 等人对美国消防员的研究结果表明，BMI 是左心室质量指数唯一呈显著性的独立预测因子，降低 BMI 将减少心源性猝死的发生，BMI 值较高的消防员在运动或任务后，心源性猝死几率增加。运动后心率恢复、HRV 等指标也可作为心血管疾病及心源性猝死的判断标准，韩国学者新世英、金元贞等人对超重组与体重不足组在运动负荷试验后心率恢复的研究结果表明，超重组心率恢复要比体重不足组快，但其差异不具有显著性，与本研究中偏瘦组在运动后副交感神经活性降低较其他两组相比明显结果相一致。在 DP.WILLIAMS 等人的研究结果表明，在直立性应激后，低 BMI 组恢复期间的 vmHRV 较低，这表明这些个体的 vmHRV 并未像在中等和高 BMI 组的个体中那样从直立位置完全恢复，低和高 BMI 均可导致不同条件下 vmHRV 反应性的适应不良模式，低 BMI 组和高 BMI 组即本研究中的偏瘦组和超重组，急性运动后，偏瘦组与超重组 HRV 降低较正常体重组明显，无锻炼习惯人群偶然的运动对其健康是不利的。Sae Young Jae, PhD 对体重较轻、正常体重、超重和肥胖人群进行的心源性猝死相关研究结果表明，在意志疲劳渐进性运动测试中，心源性猝死的发生与更高的 BMI 相关。但此研究未对 BMI 进行协变量分析，本研究中心率变异性各指标与 BMI 值等数据不服从协方差分析条件，使用其每组心率变异性各指标运动前后的差值来控制身体质量指数对 HRV 及运动产生的影响。

通过对各组心率变异性各指标运动前后的差值分析，偏瘦组、超重组在时域指标 PNN50，频域指标 LF/HF 中存在差异，偏瘦组、正常组在频域指标 VLF 中存在差异。Schmid, K 研究发现，BMI 的增加与交感迷走神经平衡向交感神经支配的趋势转变有关，与本研究结果中偏瘦组与超重组频域指标 LF/HF 相一致，超重组身体质量指数显著高于偏瘦组，其 LF/HF 也显著高于偏瘦组，虽与正常组无显著性差异，但运动后正常组 LF/HF 低于超重组，且频域指标 HF 超重组与偏瘦组相比，偏瘦组显著高于超重组，偏瘦组与正常组相比，无显著性差异，表明身体质量指数越高，运动后 PNS 活性越低，交感迷走神经平衡向交感神经支配转变。DONALD H 研究发现低心率变异性与心源性猝死相关。同时 Kleiger 等人研究发现 HRV 测量提供的信息独立于心室功能、心室异位的频率和复杂性以及潜在疾病状态的性质分析所获得的信息。Denise Felber Dietrich 研究结果表明，心脏自主神经功能是心血管疾病发病率和死亡率的临床相关预测因子。而心率变异性各指标可以在一定程度上反映心脏自主神经功能状态，Jaqueline Alves de Araújo 等人研究发现，年轻人体重超标所导致的心血管疾病，在运动后恢复期间更容易检测到，虽然在他的研究中未经训练的正常体重青少年与超重青少年，在运动后即刻，其心率变异性无显著性差异，但超重青少年副交感神经活性较正常体重青少年相比较低。同时，Karason 等人通过对中老年人心率变异性的研究发现，有其他病理肥胖中老年人在休息时可以更好地监测其心血管疾病。

Gina M. Gerardo 研究结果表明，与中等 BMI 组相比，高 BMI 组的个体的 vmHRV 在安静状态到分级运动时 vmHRV 明显降低，而在恢复时 vmHRV 显著降低，虽然低 BMI 与中等 BMI 在分级运动时差异不显著，但其结果趋于显著性差异。与本研究中不同 BMI 人群在运动后心率变异性的研究结果相一致，在运动后 5min，超重组与偏瘦组 HRV 较低，偏瘦组与正常组在运动后，其心率变异性虽无显著性差异，但其 HRV 各指标运动前后的差值结果表明，偏瘦组时域指标 RMSSD、PNN50，频域指标 HF 等与超重组和正常组相比，其值下降幅度较大，副交感神经活性受到抑制，表明同等强度运动会对不同 BMI 人群心率变异性产生不同的影响。

综上所述，偏瘦组在安静状态下其心率变异性与正常组相比无差异，其心脏自主神经功能与正常组相当，但在同等强度运动后，不同 BMI 人群心率变异性发生变化，即心率变异性受到 BMI 与运动的双重影响，超重组与偏瘦组心率变异性受运动强度影响较大，在运动后即刻，偏瘦组与超重组副交感神经活性受到抑制，迷走神经与交感神经失衡，HRV 降低。偏瘦组与超重组在运动后即刻和正常组相比，具有较高的猝死率。

第四章
结论与建议

第一节
结　论

本研究以 Ellestad A 跑台方案为运动模型，测试偏瘦、正常体重以及超重大学生运动前后 HRV 指标的变化特征，并对其变化特征进行比较研究，得出的结论如下：

（1）运动后 5 分钟，偏瘦、正常体重以及超重组大学生与运动前相比，其心率变异性及其各指标均呈显著性下降，表明运动会造成心血管系统的疲劳，心脏自主神经系统功能下降，具体表现为迷走神经活性降低。

（2）安静状态下，偏瘦、正常体重和超重组大学生心率变异性存在差异，受 BMI 的影响，超重组与偏瘦组、正常组相比，交感神经活性增强，副交感神经活性被抑制，且随着 BMI 值的升高，副交感神经活性降低，HRV 降低，心脏自主神经系统功能降低。

（3）运动后 5 分钟，偏瘦、正常体重和超重组大学生心率变异性存在差异，超重组、偏瘦组与正常组相比，副交感神经活性被抑制，HRV 降低。此外，在同等的运动强度下，会造成偏瘦组副交感神经活性较其他两组降低更多。

第二节

建　议

　　安静状态下，不同身体质量指数会对机体状态和心率变异性产生影响，随着身体质量指数的升高，心率变异性降低。同时急性运动也会对不同身体质量指数的人群产生不同的影响，超重组与偏瘦组较正常组相比，副交感神经活性被抑制；同等运动强度对偏瘦组心率变异性产生的影响更大一些。对于无锻炼习惯的偏瘦、超重大学生人群，在急性运动时，应注意运动强度，中小强度锻炼为宜，保护心脏，同时对于超重、肥胖人群应注意减肥，偏瘦人群应进行增重。对于高校公共体育课教师，在身体素质教学时，应注意根据学生的身体质量指数，以中等运动强度为宜，适当的增加或减少学生的运动强度，区别对待。

参考文献

[124]　宋淑华, 刘坚, 高春刚, 等. 递增负荷运动对中长跑运动员心率变异性的影响 [J]. 山东体育学院学报, 2010, 26(10): 62-65.

[125]　陈海秋. 不同运动负荷下肥胖青少年心脏自主神经功能的研究 [D]. 北京体育大学, 北京：2012.

[126]　赵海燕, 王林霞, 赵德峰, 等. 心率变异性指标 RMSSD 和 TL_ (HRV) 在持续性运动训练负荷监控中的有效性研究 [J]. 中国运

动医学杂志 , 2018, 37(6): 461-467.

[127] Mekoulou N J, Assomo N P B, Temfemo A,et al. Pre-and post-exercise electrocardiogram pattern modifications in apparently healthy school adolescents in Cameroon[J]. International Journal of Adolescent Medicine and Health, 2017, 7(28): 1512-1515.

[128] 戴海伦 . 有训练者和无训练者安静状态与中等强度运动状态心率变异性特征研究 [D]. 金华 : 浙江师范大学 , 2020.

[129] 刘雪兴 , 黄文英 , 肖娜 . 竞技健美操运动员递增负荷下 HRV 的影响因素分析 [J]. 首都体育学院学报 , 2012, 24(2): 184-188.

[130] 吕维臣 . 青少年运动员 21 公里跑心率变异性分析 [D]. 大连 : 辽宁师范大学 , 2011.

[131] Koenig J, Jarczok MN, Warth M, et al. Body mass index is related to autonomic nervous system activity as measured by heart rate variability-A replication using short term measurements[J].The journal of nutrition, health & aging, 2014, 18(3): 300–302.

[132] 刘凌 , 陈俊飞 , 艾磊 , 等 . 运动健身人群心率变异性与身体质量指数变化关系分析 [C]. 第三届全民健身科学大会论文集 , 2014: 363.

[133] 刘兆栋 . 制定体脂率评价 20-59 岁成年人超重、肥胖标准的方法研究 [D]. 北京 : 北京体育大学 , 2015.

[134] Molfino A, Fiorentini A, Tubani L, et al. Body mass index is related to autonomic nervous system activity as measured by heart rate variability. Eur J Clin Nutr 2009, 63(10): 1263-1265.

[135] Krishna P, Rao, Deepa, et al. Cardiac autonomic activity in overweight and underweight young adults[J]. Indian Journal of Pharmacology. 2013, 57(2): 146-152.

[136] Soares, Fabiano H R, Furstenberger, et al. Can body mass index identify cardiac autonomic dysfunction in women who are apparently healthy[J]. Women & Health, 2019, 60(2): 1-11.

[137] The GBD Obesity Collaborators. Health effects of overweight and obesity in 195 countries over 25 years[J]. New England Journal of Medicine. 2017, 377 (1): 13-27.

[138] Triggiani A I, Valenzano A, Ciliberti M A P, et al. Heart rate

variability is reduced in underweight and overweight healthy adult women[J]. Clinical Physiology and Functional Imaging, 2017, 37(2): 162-167.

[139] Kaufman C L, Kaiser D R, Steinberger J. Kelly A S, et al. Relationships of cardiac autonomic function with metabolic abnormalities in childhood obesity[J]. Obesity, 2007, 15(5): 1164-1171.

[140] Korre M, Porto L G G, Farioli A,et al. Effect of Body Mass Index on Left Ventricular Mass in Career Male Firefighters[J]. The American Journal of Cardiology, 2016, 118 (11): 1769-1773.

[141] Leti T, Bricout V A. Interest of analyses of heart rate variability in the prevention of fatigue states in senior runners[J]. Autonomic Neuroscience, 2013, 173(1-2): 14-21.

[142] Williams D P,Joseph N,Sones E, et al. Effects of body mass index on parasympathetic nervous system reactivity and recovery following orthostatic stress[J].The journal of nutrition, health & aging, 2016, 21(10): 1250-1253.

[143] Jae S Y, Franklin B A, Kurl S, et al. Effect of Cardiorespiratory Fitness on Risk of Sudden Cardiac Death in Overweight/Obese Men Aged 42 to 60 Years[J]. The American Journal of Cardiology, 2018, 122 (5): 775-779.

[144] Schmid K, Schonlebe J, Drexler H, et al.Associations between being overweight, variability in heart rate, and well-being in the young men[J]. Cardiology in the Youn, 2010, 20(1): 54-59.

[145] Donald H S, Gary J M, Norman M, et al. Low heart rate variability and sudden cardiac death[J]. Journal of electrocardiology, 1988, 21(1): 46-45.

[146] Kleiger R E, M iller J P, Krone R J, et al. Decreased heart rate variability and its association with increased mortality after acute myocardial infarction[J]. The american journal of cardiology, 1987, 59(4): 256-262.

[147] Denise F D, Ursula A L, Christian S. Effect of physical activity on heart rate variability in normal weight, overweight and obese

subjects:results from the SAPALDIA study[J]. European journal of applied physiology, 2008, 104(3): 557-565.

[148] Araújo J A D, Tricot G K, Arsa G, et al.Blood pressure and cardiac autonomic modulation at rest, during exercise and recovery time in the young overweight[J]. Motriz Revista de Educação Física, 2016, 22(1): 27-34.

[149] Karason K, Mølgaard H, Wikstrand J, et al. Heart rate variability in obesity and the effect of weight loss[J]. American Journal Cardiology, 1999, 83(8): 1242-1247.

[150] Gerardo G M, Williams D W P, Kessler M, et al. Body mass index and parasympathetic nervous system reactivity and recovery following graded exercise[J]. American Journal of Human Biology, 2018, 31 (1): 208-214.

[151] 王卓琳,崔建梅,高薇,等.有氧运动结合抗阻训练对围绝经期妇女心率变异性及心血管功能的影响 [J]. 湖北体育科技 , 2021, 40(9): 808-811.

[152] 徐飞,徐菁,谢浩.体力活动水平和心肺耐力对肥胖者心率变异性的影响 —— 一项横断面研究 [J]. 中国运动医学杂志 , 2019, 38(3): 187-193.

[153] 赵海燕,王林霞,赵德峰,等.心率变异性指标 RMSSD 和 TL_ (HRV) 在持续性运动训练负荷监控中的有效性研究 [J]. 中国运动医学杂志 , 2018, 37(6): 461-467.

[154] 谢业雷,任杰,虞定海,等.24 周太极拳锻炼对中老年人心率变异性的影响 [J]. 中国运动医学杂志 , 2011, 30(9): 842-844.

[155] 谢燕,虞芬,刘丽敏,等.正常人体的心率变异性 RRI 频谱密度分析 [J]. 中国运动医学杂志 , 2003, 22(4): 415-417.

[156] 张力桢.心率变异性在青少年足球运动员训练和恢复的应用研究 [D]. 上海:上海体育学院 , 2021.

[157] 熊蔚华.中年人群在直立倾斜试验中心率变异性反应的研究 [D]. 北京:北京体育大学 , 2019.

[158] 刘小群,黄峰,朱鹏立.运动后心率恢复的临床意义 [J]. 中华高血压杂志 , 2021, 29(5): 413-419.

[159] 庹伟.运动后心率恢复和心率变异性与运动负荷相关性的研究

[D]. 成都：成都体育学院，2018.

[160] 黄传业，何子红，洪平，等 . 16 周前后两次运动后心率恢复测试的重复性研究 [J]. 中国运动医学杂志，2015, 34(9): 825-830.

[161] 康美华，王成 . 运动后心率恢复的研究进展 [J]. 中国循证儿科杂志，2014, 9(1): 72-76.

[162] 高欢 .13-15 岁青少年高强度间歇运动心率变化特征研究 [D]. 长春：东北师范大学，2019.

[163] 夏鹏宇 . 优秀游泳运动员不同阶段训练负荷对心率变异性的影响 [D]. 上海：上海体育学院，2020.

[164] 王宇笛，周子钰 . 两种核心稳定性训练方案对心脏自主神经功能的影响 [C]. 第十一届全国体育科学大会论文摘要汇编，2019: 7997-7999.

[165] 刘银银 . 生物反馈训练对水球运动员 HRV 变化的影响研究 [D]. 成都：成都体育学院，2018.

[166] 朱成东，林华，董凤飞，等 . 自行车运动员多训练时期心率变异性变化特点研究 [J]. 辽宁师范大学学报 (自然科学版), 2017, 40(4): 563-570.

[167] 陈俊飞，刘凌，朱晓梅，等 . 每周体育锻炼时间对青年男性心脏自主神经功能的影响 [J]. 体育与科学，2016, 37(5): 105-111+68.

[168] 崔小珠，王人卫 . 应用心率变异性指标评价优秀耐力运动员机能状态研究进展 [J]. 体育科学，2015, 35(12): 75-79+93.

[169] 陈浩，徐菁，曾锦树，等 . 肥胖儿童递增负荷运动中 HRVT 与 AT 的一致性研究 [J]. 湖北体育科技，2021, 40(6): 544-548.

[170] 曹姣 . 高温瑜伽运动对肥胖女大学生焦虑、抑郁情绪及自主神经功能的影响 [C]. 第十一届全国体育科学大会论文摘要汇编，2019: 2681-2682.

第三篇

BMI 与 Wingate 方案运动对大学生 HRV 变化影响的实验研究

03

:::::::: 本篇研究概要

一、研究目的

众所周知，肥胖和血脂异常、冠心病、脂肪肝、糖尿病、心脑血管疾病的发生密不可分。HRV 作为心脏自主神经功能的评价指标，也是心脏功能评价的一部分，可以有效地评估肥胖大学生心脏自主神经功能。本文探索分析正常组、超重组、肥胖组大学生在无氧运动前后心率变异性 HRV 的变化特征，评价不同身体质量指数大学生在无氧运动前后机体对心脏控制能力的变化特征，为超重和肥胖大学生科学参加运动和预防运动中发生心血管风险提供一定的参考；另外，比较三组大学生在无氧运动前后 HRV 的差异，可以分析出肥胖造成机体对心脏控制能力影响，均通过 HRV 指标来表示，希望 HRV 指标可作为评价大学生运动风险的指标之一。

二、研究方法

本次研究选择陕西师范大学大一、大二年级男生 42 名，根据中国成年人 BMI 值的划分标准，将受试者划分为正常组、超重组、肥胖组三组进行实验。采用 Wingate 无氧运动测试方案，让三组受试者分别进行 30s 无氧运动测试；在实验开始前，先给受试者佩戴好 polar 表，安静休息 10min 后，采集受试者坐姿状态下 5min 的 HRV 指标，包括时域指标：SDNN（正常且连续 RR 间期标准差）、RMSSD（相邻 RR 间期差的均方根值）；频域指标：LF（低频输出功率均值）、HF（高频输出功率均值）；非线性指标：Poincare 散点图的短轴和长轴（SD1、SD2）；在运动结束后即刻，采集受试者 5min 的 HRV 值。观察并记录受试者在 Wingate 测试中的无氧运动能力指标。

三、研究结果

（一）HRV 的检测结果

不同组 Wingate 测试前后 HRV 指标的变化：正常组、超重组和肥胖组在运动前后 HRV 指标都有显著的变化，除频域指标 LF/HF 值在运动后表现为上升外，其余 HRV 指标在运动后均呈极显著性降低（$p < 0.001$）。

不同组 Wingate 测试前后 HRV 指标的比较：在测试前，正常组与肥胖组相比，正常组的时域指标（SDNN、RMSSD）和非线性指标（SD1、SD2）都明显高于肥胖组（$p < 0.05$），频域指标（LF、LF/HF）明显低于肥胖组（$p < 0.05$）。正常组和超重组相比，超重组与肥胖组相比，各项指标均无明显差异（$p > 0.05$）。在测试后，正常组与肥胖组相比，正常组的时域指标（SDNN、RMSSD）、频域指标（HF）和非线性指标（SD1、SD2）都明显高于肥胖组（$p < 0.05$），频域指标（LF、LF/HF）明显低于肥胖组（$p < 0.05$）；正常组和超重组相比，各项指标均无明显差异（$p > 0.05$），超重组与肥胖组相比，除 LF/HF 值小于肥胖组（$p < 0.05$），各项指标均无明显差异（$p > 0.05$）。

（二）无氧运动测试相关指标

肥胖组与正常组相比，平均功率低于正常组（$p < 0.01$），最小功率低于正常组（$p < 0.001$），疲劳指数高于正常组（$p < 0.01$），最大功率值无显著差异（$p > 0.05$）；肥胖组与超重组相比，平均功率、最小功率低于超重组（$p < 0.001$），最大功率低于超重组（$p < 0.01$），疲劳指数高于超重组（$p < 0.01$）；正常组与超重组相比，平均功率低于超重组（$p < 0.01$），最大功率低于超重组（$p < 0.05$），最小功率和疲劳指数均无显著差异（$p > 0.05$）。

（三）身体质量指数（BMI）与运动前后心率变异性（HRV）的相关性：

在安静状态下，HRV 指标 SDNN、RMSSD 与身体质量指数呈显著负相关（$p < 0.01$），HF、SD1、SD2 与身体质量指数呈负相关（$p < 0.05$），而 LF、LF/HF 与身体质量指数呈显著正相关（$p < 0.05$）。在无氧运动后 5minHRV 指标 SDNN、RMSSD、SD1 与身体质量指数呈显著负相关（$p < 0.05$），HF、SD2 与身体质量指数呈极显著负相关（$p < 0.01$），LF、LF/HF 与身体质量指数呈显著正相关（$p < 0.05$）。

四、研究结论

1. 安静状态下，不同组大学生的心率变异性有较大差异，主要表现在肥胖组的 HRV 指标明显低于正常组，肥胖组的心交感神经活性明显高于正常组，副交感神经活性显著下降，从而导致交感神经和迷走神经的平衡性受到影响。

2.不同组在运动前后心率变异性指标均表现出较大的差异，说明在无氧运动后即刻，三组受试者的自主神经功能均受到了一定程度的破坏。

3.肥胖和超重组大学生的心率变异性在运动前后都比正常组降低，说明肥胖程度会影响到交感和迷走神经的平衡性，从而进一步加重了心血管疾病发生的概率。

4.肥胖大学生的无氧运动能力较正常和超重组大学生较低，超重组在无氧运动中表现的最好。

5.心率变异性（HRV）与身体质量指数（BMI）间存在极强的相关性，随着 BMI 的增加，HRV 降低，交感神经活性占据优势，心脏自主神经调节功能降低。

五、本研究主要概念

（一）心率变异性；

（二）身体质量指数；

（三）大学生；

（四）Wingate 测试

第一章
研究对象与方法

第一节
研究对象

本次实验测试在陕西师范大学初步招募 45 名大学生（19~22岁）作为实验对象，并根据中国肥胖组织 BMI 划分标准进行筛选与分组，最终确定为正常组 15 人，超重组组 15 人，肥胖组 12 人，共计 42 人。为保证实验对象的运动能力和运动习惯相对均一，离散程度集中，受试者为大一、大二非体育专业大学生，无健身和运动习惯。经调查受试者无心血管疾病、心脏病、呼吸疾病史，身体健康无残疾且自愿参与本次测试，并填写知情同意书。受试者基本信息见下表：

表 3-1　三组受试者基本数据

组别	人数（n）	年龄（岁）	身高（cm）	体重（kg）	BMI（kg/m²）
正常组	15	20.19 ± 1.10	174.4 ± 8.38	65.10 ± 7.00	21.36 ± 0.94
超重组	15	19.76 ± 0.96	175.0 ± 7.12	81.03 ± 6.59	26.43 ± 2.17
肥胖组	12	19.75 ± 1.14	173.7 ± 6.58	90.23 ± 6.89	30.15 ± 1.94

第二节
研究方法

一、文献资料法

本次研究主要通过中国知网、万方数据库、中国优秀博硕士论文等数据库查阅相关资料文件，将"心率变异性""无氧运动能力""身体质量指数""变化比较研究"等作为主题词和关键词分别进行检索，熟悉无氧运动和心率变异性之间的关系，从中梳理出有关于心率变异性在无氧运动中变化的相关资料；把握当前研究的发展状况和研究成果，对研究方向有新的认识，为本文的研究奠定了相应的理论基础。

二、实验法

（一）身体成分测试与分组

本次实验身体成分测试选择 InBody230 测试仪，该仪器能够准确的计算出受试者的体重、BMI 和体脂肪等指标。测试前，用生理盐水或酒精擦拭四个电极片，并在受试者的足底涂上生理盐水，增加皮肤的导电性，提高数据的准确性。受试者呈自然姿势站好，双眼平视前方，挺胸抬头，双脚的前脚掌与后脚跟紧贴于电极片上，受试者尽量轻装测试，并手动去除衣物重量 0.5kg。上肢自然放于两侧，双手握住电极，使大拇指与手掌完全贴于电极处。受试者静止站立 2min，尽量保持身体的稳定，测试完毕并打印出报告单，进行数据记录与储存。根据中国肥胖者组织制定的成年人 BMI 值的划分标准，设定三组测试对象，分别是正常组：$18.5 \leqslant BMI \leqslant 23.9$；超重组：$24 \leqslant BMI < 27.9$；肥胖组：$BMI > 28.0$。

（二）无氧运动测试

本次无氧运动方式选择的是 Wingate 无氧功率自行车（COMBIWELLNESS POWERMAX-VII，日本）进行测试。测试步骤：在测试开始前，受试者统一进行 5min 准备活动和动态拉伸，避免出现运动损伤现象；坐姿休息 5~10min 进行 30s 无氧功率自行车骑行。在受试者开始 30s 骑行测试前，统一将无氧功率自行车的阻力设置为 0.075，受试者准备就绪，调整好座椅高度，随即进行测试，在 30s 尽全力完成无氧功率自行车骑行

（三）无氧功率的采集

在受试者完成 30s 无氧功率自行车的运动后，实验人员按下无氧功率自行车上的"CHANGE DISPALY"按键，屏幕将显示最大无氧功率、平均无氧功率和最小无氧功率值，测试人员保存并记录实验结果。还可根据出现的数据值可以计算出功率递减率：功率递减率 =（最大功率 - 最小功率）/ 最大功率 ×100%。

（四）HRV 数据的采集与处理

HRV 数据的采集：在进行测试前，使用 75% 的酒精先受

试者的皮肤和 polar 表带进行消毒处理，再用无菌绵擦拭干净，这样更有利于数据的采集，避免干扰。将 polar 表戴与受试者的左侧胸部下侧，GT9-X 佩戴于右手手腕处，polar 表主要监测心率，再通过 GT9-X 分析受试者的 HRV 数据。本次测试的仪器为 ActiGraph GT9-X Link（美国）智能检测仪，测试无氧运动前 5min，运动后即刻 5minHRV 的时域指标、频域指标和非线性指标。身体机能测试仪 GTX9，并结合 ActiLife 和 Kubios 对 HRV 的相关数据进行汇总记录。

HRV 数据的处理：试验结束后，通过 ActiLife 软件下载三组运动前（安静状态下）5min 和无氧运动后运动后即刻 5min 的 RR 间期值，并将三组测试前后 5min 所得的 HRV 数据导出，录入 Excel 文件中，并复制数据到新建的".TXT"文件中，通过 Kubios 软件进行筛选处理；HRV 的有效功率谱选择在 10Hz~30Hz 之间，采用的信号用 EmgServer（北京昌丰有限公司）处理，统计出有效的时域指标（SDNN、RMSSD），频域指标（VLF、LF、HF、LF/HF）和非线性指标（SD1、SD2、SD1/SD2）数据。

（五）数理统计法

本实验所采集数据全部通过 SPSS22.0 进行处理，采用 Graph Prism 分析作图。通过 K-S 检验（Kolmogorov-Smirnov test）检查数据是否符合正态分布。采用配对样本 T 检验对组内相同时间段各指标进行比较；采用单因素方差分析对组间相同时间段各指标进行比较；采用 Pearson 相关分析 BMI 与 HRV 之间的相关性；$p < 0.05$ 表示有统计学意义，$p < 0.01$ 表示有显著统计学意义，$p < 0.001$ 表示极具统计学意义。

:::::::::: **第二章**
研究结果

第一节

不同组在 Wingate 测试前后 HRV 指标的变化

一、肥胖组 Wingate 测试前后 HRV 指标的变化

（一）时域指标

肥胖组运动前后时域指标的变化见表 3-2 和图 3-1。

表 3-2　肥胖组运动前后时域指标的变化（x±SD）

	SDNN（ms）	RMSSD（ms）
运动前	41.99 ± 10.38	34.32 ± 11.51
运动后	7.01 ± 2.73[***]	4.68 ± 2.57[***]

注：*** 表示和运动前比较，$p < 0.001$ 有极显著性差异。

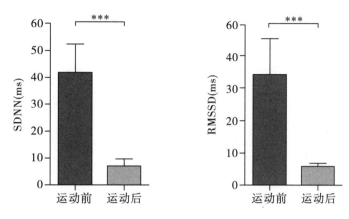

图 3-1　肥胖组运动前后时域指标的变化
注：*** 表示 $p < 0.001$，运动前后有极显著性差异。

　　从表 3-2 和图 3-1 中可以看出，肥胖组在无氧运动前与运动后即刻 HRV 时域指标相比较，时域指标下降非常明显。SDNN 由运动前的 41.99 ± 10.38（ms）下降到运动后 7.01 ± 2.73（ms），呈极显著性差异（$p < 0.001$）；RMSSD 由运动前 34.32 ± 11.51（ms）下降到运动后 4.68 ± 2.57（ms），呈极显著性差异（$p < 0.001$）。

（二）频域指标

　　肥胖组运动前后频域指标的变化见表 3-3 和图 3-2。

表 3-3　肥胖组运动前后频域指标的变化（x ± SD）

	LF（ms^2）	HF（ms^2）	LF/HF（%）
运动前	2285.00 ± 865.20	447.20 ± 247.9	643.40 ± 414.30
运动后	66.08 ± 18.42***	7.15 ± 2.16***	1074.00 ± 561.50

注：*** 表示和运动前比较，$p < 0.001$ 有极显著性差异。

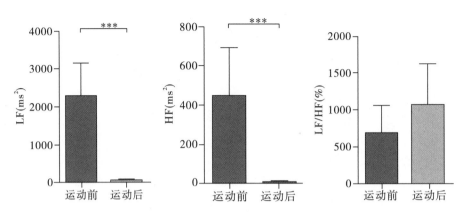

图 3-2　肥胖组运动前后频域指标的变化

注：*** 表示 $p < 0.001$，运动前后有极显著性差异。

从表 3-3 和图 3-2 中可以看出，肥胖组在无氧运动前与运动后即刻 HRV 频域指标相比较，频域指标下降非常明显。LF 由运动前的 2285.00 ± 865.20（ms^2）下降到运动后 66.08 ± 18.42（ms^2），呈极显著性差异（$p < 0.001$）；HF 由运动前 447.2 ± 247.9（ms^2）下降到运动后 7.15 ± 2.16（ms^2），呈极显著性差异（$p < 0.001$）；LF/HF 由运动前 643.4 ± 414.3 上升到运动后 1074 ± 561.5，但无统计学意义（$p > 0.05$）。

（三）非线性指标

肥胖组运动前后非线性指标的变化见表 3-4 和图 3-3。

表 3-4　肥胖组运动前后非线性指标的变化（x±SD）

	SD1（ms）	SD2（ms）
运动前	22.83 ± 11.71	51.01 ± 16.81
运动后	3.72 ± 1.36***	9.29 ± 2.18***

注：*** 表示和运动前比较，$p < 0.001$ 有极显著性差异。

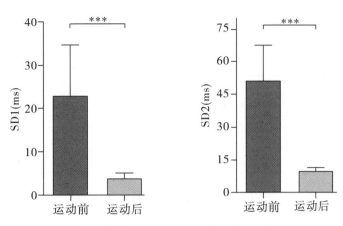

图 3-3　肥胖组运动前后非线性指标的变化

注：*** 表示 $p < 0.001$，运动前后有极显著性差异。

从表 3-4 和图 3-3 中可以看出，肥胖组在无氧运动前与运动后即刻 HRV 非线性指标相比较，非线性指标下降非常明显。SD1 由运动前的 22.83 ± 11.71（ms）下降到运动后 3.72 ± 1.36（ms），呈极显著性差异（p < 0.001）；SD2 由运动前 51.01 ± 16.81（ms）下降到运动后 9.29 ± 2.18（ms），呈极显著性差异（p < 0.001）。

二、超重组 Wingate 测试前后 HRV 指标的变化

（一）时域指标

超重组运动前后时域指标的变化见表 3-5 和图 3-4。

表 3-5　超重组运动前后时域指标的变化（x ± SD）

	SDNN（ms）	RMSSD（ms）
运动前	47.53 ± 12.49	40.88 ± 14.24
运动后	9.55 ± 3.23[***]	6.42 ± 3.02[***]

注：*** 表示和运动前比较，$p < 0.001$ 有极显著性差异。

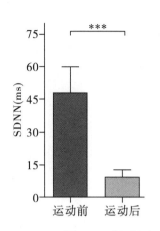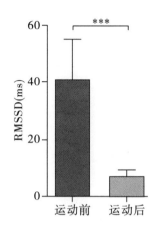

图 3-4　超重组运动前后时域指标的变化

注：*** 表示 $p < 0.001$，运动前后有极显著性差异。

从表 3-5 和图 3-4 中可以看出，超重组在无氧运动前与运动后即刻 HRV 时域指标相比较，时域指标下降非常明显。SDNN 由运动前的 47.53 ± 12.49（ms）下降到运动后 9.55 ± 3.23（ms），呈极显著性差异（$p < 0.001$）；RMSSD 由运动前 40.88 ± 14.24（ms）下降到运动后 6.42 ± 3.02（ms），呈极显著性差异（$p < 0.001$）。

（二）频域指标

超重组运动前后频域指标的变化见表 3-6 和图 3-5。

表 3-6　超重组运动前后频域指标的变化（$\mathrm{x} \pm \mathrm{SD}$）

	LF（ms^2）	HF（ms^2）	LF/HF（%）
运动前	1787.00 ± 1135.00	660.80 ± 506.40	427.20 ± 302.90
运动后	57.47 ± 21.91***	10.99 ± 4.53***	587.30 ± 269.80

注：*** 表示和运动前比较，$p < 0.001$ 有极显著性差异。

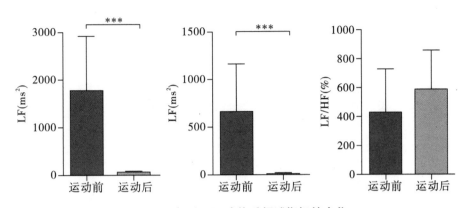

图 3-5　超重组运动前后频域指标的变化

注：*** 表示 $p < 0.001$，运动前后有极显著性差异。

从表 3-6 和图 3-5 中可以看出，超重组在无氧运动前与运动后即刻 HRV 频域指标相比较，频域指标下降非常明显。LF 由运动前的 $1787.00 \pm 1135.00(\text{ms}^2)$ 下降到运动后 $57.47 \pm 21.91(\text{ms}^2)$，呈极显著性差异（$p < 0.001$）；HF 由运动前 $660.80 \pm 506.40(\text{ms}^2)$ 下降到运动后 $10.99 \pm 4.53(\text{ms}^2)$，呈极显著性差异（$p < 0.001$）；LF/HF 由运动前 427.20 ± 302.90 上升到运动后 587.3 ± 269.80，无显著性差异（$p > 0.05$）。

（三）非线性指标

超重组运动前后非线性指标的变化见表 3-7 和图 3-6。

表 3-7　超重组运动前后非线性指标的变化（x ± SD）

	SD1（ms）	SD2（ms）
运动前	27.21 ± 11.96	58.1 ± 16.03
运动后	4.98 ± 2.53***	11.4 ± 2.91***

注：*** 表示和运动前比较，$p < 0.001$ 有极显著性差异。

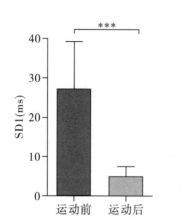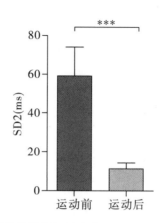

图 3-6　超重组运动前后非线性指标的变化

注：*** 表示 $p < 0.001$，运动前后有极显著性差异。

从表 3-7 和图 3-6 中可以看出，超重组在无氧运动前与运动后即刻 HRV 非线性指标相比较，非线性指标下降非常明显。SD1 由运动前的 27.21 ± 11.96（ms）下降到运动后 4.98 ± 2.53（ms），呈极显著性差异（$p < 0.001$）；RMSSD 由运动前 58.1 ± 16.03（ms）下降到运动后 11.4 ± 2.91（ms），呈极显著性差异（$p < 0.001$）。

三、正常组 Wingate 测试前后 HRV 指标的变化

（一）时域指标

正常组运动前后时域指标的变化见表 3-8 和图 3-7。

表 3-8　正常组运动前后时域指标的变化（$x \pm SD$）

	SDNN（ms）	RMSSD（ms）
运动前	53.59 ± 11.62	48.53 ± 15.97
运动后	$10.47 \pm 3.69^{***}$	$7.71 \pm 2.98^{***}$

注：*** 表示和运动前比较，$p < 0.001$ 有极显著性差异。

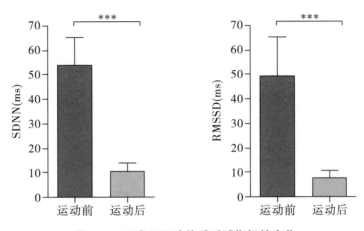

图 3-7　正常组运动前后时域指标的变化

注：*** 表示 $p < 0.001$，运动前后有极显著性差异。

从表 3-8 和图 3-7 中可以看出，正常组在无氧运动前与运动后即刻 HRV 时域指标相比较，时域指标下降非常明显。SDNN 由运动前的 53.59 ± 11.62（ms）下降到运动后 10.47 ± 3.69（ms），呈极显著性差异（$p < 0.001$）；RMSSD 由运动前 48.53 ± 15.97（ms）下降到运动后 7.71 ± 2.98（ms），呈极显著性差异（$p < 0.001$）。

（二）频域指标

正常组运动前后频域指标的变化见表 3-9 和图 3-8。

表 3-9　正常组运动前后频域指标的变化（$x \pm SD$）

	LF（ms^2）	HF（ms^2）	LF/HF（%）
运动前	1363 ± 874.9	857.2 ± 376.2	203.2 ± 162.4
运动后	46.79 ± 16.54***	13.45 ± 8.08***	569.4 ± 468.3

注：*** 表示和运动前比较，$p < 0.001$ 有极显著性差异。

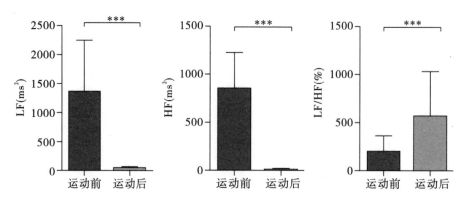

图 3-8　正常组运动前后频域指标的变化

注：*** 表示 $p < 0.001$，运动前后有极显著性差异。

从表 3-9 和图 3-8 中可以看出，超重组在无氧运动前与运动后即刻 HRV 频域指标相比较，频域指标下降非常明显。LF 由运动前的 1363 ± 874.9（ms^2）下降到运动后 46.79 ± 16.54（ms^2），呈极显著性差异（$p < 0.001$）；HF 由运动前 857.2 ± 376.2（ms^2）下降到运动后 13.45 ± 8.08（ms^2），呈极显著性差异（$p < 0.001$）；LF/HF 由运动前 203.2 ± 162.4 上升到运动后 569.4 ± 468.3，呈显著性差异（$p < 0.01$）。

（三）非线性指标

正常组运动前后非线性指标的变化见表 3-10 和图 3-9。

表 3-10　正常组运动前后非线性指标的变化（x ± SD）

	SD1（ms）	SD2（ms）
运动前	34.64 ± 11.39	67.74 ± 15.01
运动后	6.08 ± 2.94***	14.27 ± 5.07***

注：*** 表示和运动前比较，$p < 0.001$ 有极显著性差异。

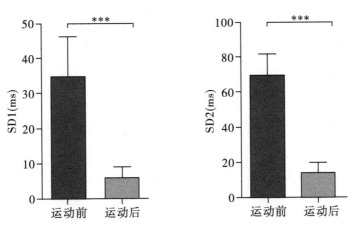

图 3-9　正常组运动前后非线性指标的变化

注：*** 表示 $p < 0.001$，运动前后有极显著性差异。

从表 3-10 和图 3-9 中可以看出，正常组在无氧运动前与运动后即刻 HRV 非线性指标相比较，非线性指标下降非常明显。SD1 由运动前的 34.64 ± 11.39（ms）下降到运动后 6.08 ± 2.94（ms），呈极显著性差异（$p < 0.001$）；SD2 由运动前 67.74 ± 15.01（ms）下降到运动后 14.27 ± 5.07（ms），呈极显著性差异（$p < 0.001$）。

第二节
不同组在 Wingate 测试前后 HRV 指标比较

一、不同组运动前后 HRV 时域指标比较

不同组运动前后时域指标 SDNN 测试结果见表 3-11 和图 3-10。

表 3-11　不同组运动前后时域指标 SDNN（ms）测试结果

	运动前	运动后
正常组	53.59 ± 11.62	10.47 ± 3.69
超重组	47.53 ± 12.49	9.55 ± 3.23
肥胖组	41.99 ± 10.38*	7.01 ± 2.73*

注：*表示与正常组相比 $p < 0.05$，有差异性。

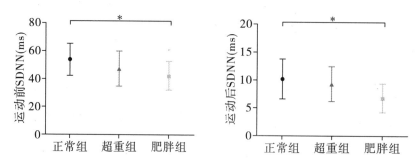

图 3-10　不同组运动前后时域指标 SDNN 测试结果

从表 3-11 和图 3-10 中的显示结果：运动前测试结果：正常组与肥胖组相比较，正常组的 SDNN 值明显高于肥胖组，有差异性（$p < 0.05$）；正常组与超重组相比，SDNN 值显著性变化（$p > 0.05$）；超重组与肥胖组相比，SDNN 值无显著性变化（$p > 0.05$）。

运动后测试结果：肥胖组与正常组相比较，肥胖组的 SDNN 值低于正常组，有差异性（$p < 0.05$）；正常组与超重组相比，SDNN 值无显著变化（$p > 0.05$）；超重组与肥胖组相比，SDNN 值无显著变化（$p > 0.05$）。

不同组时运动前后域指标 RMSSD 测试结果见表 3-12 和图 3-11。

表 3-12　不同组运动前后时域指标 RMSSD（ms）测试结果

	运动前	运动后
正常组	48.53 ± 15.97	7.71 ± 2.98
超重组	40.88 ± 14.24	6.42 ± 3.02
肥胖组	34.32 ± 11.51*	4.68 ± 2.57*

注：* 表示与正常组相比 $p < 0.05$，有差异性。

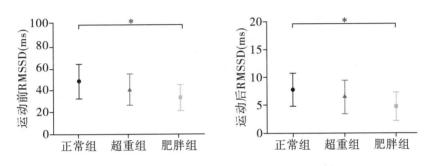

图 3-11　不同组运动前后时域指标 RMSSD 测试结果

从表 3-12 和图 3-11 中的显示结果：运动前测试结果：正常组与肥胖组相比较，正常组的 RMSSD 值明显高于肥胖组，有差异性（$p < 0.05$）；正常组与超重组相比，RMSSD 值显著性变化（$p > 0.05$）；超重组与肥胖组相比，RMSSD 值无显著性变化（$p > 0.05$）。

运动后测试结果：正常组与肥胖组相比较，正常组的 RMSSD 值明显高于肥胖组，有差异性（$p < 0.05$）；正常组与超重组相比，RMSSD 值显著性变化（$p > 0.05$）；超重组与肥胖组相比，RMSSD 值无显著性变化（$p > 0.05$）。

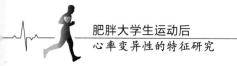
二、不同组运动前后 HRV 频域指标比较

不同组运动前后频域指标 LF 测试结果见表 3-13 和图 3-12。

表 3-13 不同组运动前后时域指标 LF（ms^2）测试结果

	运动前	运动后
正常组	1363 ± 874.9	46.79 ± 16.54
超重组	1787 ± 1135	57.47 ± 21.91
肥胖组	2285 ± 865.2*	66.08 ± 18.42*

注：* 表示与正常组相比 $p < 0.05$，有差异。

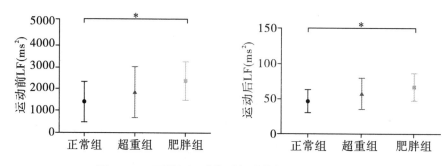

图 3-12 不同组运动前后频域指标 LF 测试结果

从表 3-13 和图 3-12 中的显示结果：运动前测试结果：正常组与肥胖组相比较，正常组的 LF 值明显低于肥胖组，有差异性（$p < 0.05$）；正常组与超重组相比较，LF 值无显著差异（$p > 0.05$）；超重组与肥胖组相比较，LF 值无显著性差异（$p > 0.05$）。

运动后测试结果：正常组与肥胖组相比较，正常组的 LF 值明显低于肥胖组，有差异性（$p < 0.05$）；正常组与超重组相比较，LF 值无显著差异（$p > 0.05$）；超重组与肥胖组相比较，LF 值无显著性差异（$p > 0.05$）。

不同组运动前后时域指标 HF 测试结果见表 3-14 和图 3-13。

表 3-14 不同组运动前后时域指标 HF（ms^2）测试结果

	运动前	运动后
正常组	857.2 ± 376.2	13.45 ± 8.08
超重组	660.8 ± 506.4	10.99 ± 4.53
肥胖组	$447.2 \pm 247.9^{*}$	$7.15 \pm 2.16^{*}$

注：*表示与正常组相比 $p < 0.05$，有差异。

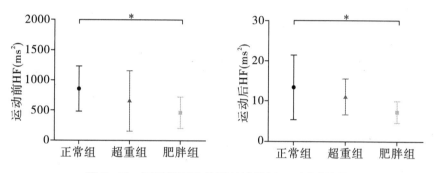

图 3-13 不同组运动前后时域指标 HF 测试结果

从表 3-14 和图 3-13 中的显示结果：运动前测试结果：正常组与肥胖组相比较，正常组的 HF 值明显高于肥胖组，有差异性（$p < 0.05$）；正常组与超重组相比较，HF 值无显著差异（$p > 0.05$）；超重组与肥胖组相比较，HF 值无显著性差异（$p > 0.05$）。

运动后测试结果：正常组与肥胖组相比较，正常组的 HF 值明显高于肥胖组，有差异性（$p < 0.05$）；正常组与超重组相比较，HF 值无显著差异（$p > 0.05$）；超重组与肥胖组相比较，HF 值无显著性差异（$p > 0.05$）。

不同组运动前后时域指标 LF/HF 测试结果见表 3-15 和图 3-14。

表 3-15　不同组运动前后时域指标 LF/HF（%）测试结果

	运动前	运动后
正常组	203.2 ± 162.4	569.4 ± 468.3
超重组	427.2 ± 302.9	587.3 ± 269.8
肥胖组	643.4 ± 414.3[**]	1074 ± 561.5[*#]

注：* 表示与正常组相比 $p < 0.05$，有差异；** 表示与正常组相比 $p < 0.01$，有显著差异；# 表示与超重组相比 $p < 0.01$，有显著性差异。

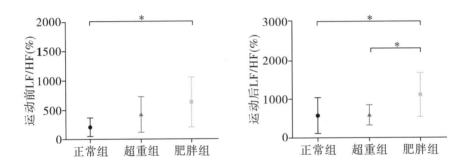

图 3-14　不同组运动前后时域指标 LF/HF 测试结果

从表 3-15 和图 3-14 的显示结果：运动前测试结果：正常组与肥胖组相比较，肥胖组的 LF/HF 值明显高于正常组，呈显著性差异（$p < 0.01$）；正常组与超重组相比较，LF/HF 值无显著性差异（$p > 0.05$）；超重组与肥胖组相比较，LF/HF 值无显著性差异（$p > 0.05$）。

运动后测试结果：正常组与肥胖组相比较，肥胖组的 LF/HF 值明显高于正常组，有差异性（$p < 0.05$）；正常组与超重组相比较，LF/HF 值无显著性差异（$p > 0.05$）；超重组与肥胖组相比较，肥胖组的 LF/HF 值高于超重组，有差异性（$p < 0.05$）。

三、不同组运动前后 HRV 非线性指标比较

不同组运动前后非线性指标 SD1 测试结果见表 3-16 和图 3-15。

表 3-16 不同组运动前后非线性指标 SD1（ms）测试结果

	运动前	运动后
正常组	34.64 ± 11.39	6.08 ± 2.94
超重组	27.21 ± 11.96	4.98 ± 2.53
肥胖组	22.83 ± 11.71*	3.72 ± 1.36*

注：* 表示与正常组相比 $p < 0.05$，有差异。

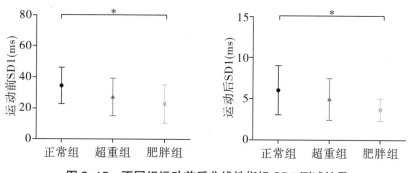

图 3-15 不同组运动前后非线性指标 SD1 测试结果

从表 3-16 和图 3-15 的显示结果：运动前测试结果：正常组与肥胖组相比较，肥胖组的 SD1 值明显低于正常组，有差异性（$p < 0.05$）；正常组与超重组相比，SD1 值无显著性差异（$p > 0.05$）；超重组与肥胖组相比，SD1 值无显著性差异（$p > 0.05$）。

运动后测试结果：正常组与肥胖组相比较，肥胖组的 SD1 值明显低于正常组，有差异性（$p < 0.05$）；正常组与超重组相比，SD1 值无显著性差异（$p > 0.05$）；超重组与肥胖组相比，SD1

值无显著性差异（$p > 0.05$）。

不同组运动前后非线性指标SD2测试结果见表3-17和图3-16。

表 3-17　不同组运动前后非线性指标 SD2（ms）测试结果

	运动前	运动后
正常组	67.74 ± 15.01	14.27 ± 5.07
超重组	58.1 ± 16.03	11.4 ± 2.91
肥胖组	51.01 ± 16.81*	9.29 ± 2.18**

注：* 表示与正常组相比 $p < 0.05$，有差异性；** 表示与正常组相比 $p < 0.01$，有显著差异。

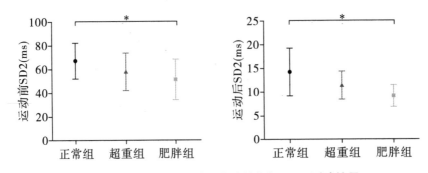

图 3-16　不同组运动前后非线性指标 SD2 测试结果

从表 3-17 和图 3-16 的显示结果：运动前测试结果：正常组与肥胖组相比较，肥胖组的 SD2 值明显低于正常组，有差异性（$p < 0.05$）；正常组与超重组相比，SD2 值无显著性差异（$p > 0.05$）；超重组与肥胖组相比，SD2 值无显著性差异（$p > 0.05$）。

运动后测试结果：正常组与肥胖组相比较，肥胖组的 SD2 值明显低于正常组，呈显著性差异（$p < 0.01$）；正常组与超重组相比，SD2 值无显著性差异（$p > 0.05$）；超重组与肥胖组相比，SD2 值无显著性差异（$p > 0.05$）。

第三节

不同组在 Wingate 测试前后 HRV 的差值比较

一、不同组 Wingate 测试前后时域指标的差值比较

不同组运动前后时域指标的差值比较见表 3-18 和图 3-17。

表 3-18　不同组运动前后时域指标的差值比较

	SDNN（ms）	RMSSD（ms）
正常组	43.13 ± 12.48	40.82 ± 16.43
超重组	37.98 ± 12.49	34.46 ± 14.47
肥胖组	34.98 ± 11.72	29.63 ± 11.90

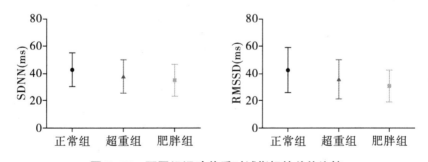

图 3-17　不同组运动前后时域指标的差值比较

从表 3-18 和图 3-17 可以看出：正常组、超重组和肥胖组在运动前后 HRV 时域指标 SDNN、RMSSD 的差值相比较，正常组

的 SDNN 和 RMSSD 的差值均大于超重组和肥胖组，肥胖组最低，
但三组间的时域指标差值均无显著性差异（$p > 0.05$）。

二、不同组 Wingate 测试前后频域指标的差值比较

不同组运动前后频域指标的差值比较见表 3–19 和图 3–18。

表 3–19　不同组运动前后频域指标的差值比较

	LF（ms²）	HF（ms²）	LF/HF（%）
正常组	1316 ± 872.1	843.8 ± 373.6	−366.2 ± 430.2
超重组	1730 ± 1133	649.9 ± 507.1	−160.0 ± 424.0
肥胖组	2219 ± 865.7	440.0 ± 248.7[*]	−430.7 ± 841.9

注：* 表示与正常组相比具有显著性差异，$p < 0.05$。

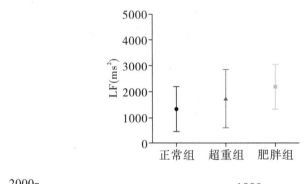

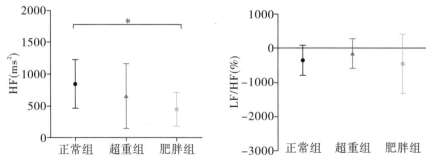

图 3–18　不同组运动前后频域指标的差值比较

从表 3-19 和图 3-18 可以看出：正常组、超重组和肥胖组在运动前后 HRV 频域指标 LF、LF/HF 的差值相比较，无显著性差异（$p > 0.05$）；正常组、超重组和肥胖组在运动前后 HRV 频域指标 HF 的差值相比较，可以看出，正常组与肥胖组间的差值有差异（$p < 0.05$），其余组别间对比均无明显差异（$p > 0.05$）。

三、不同组 Wingate 测试前后非线性指标的差值比较

不同组运动前后非线性指标的差值比较见表 3-20 和图 3-19。

表 3-20　不同组运动前后非线性指标的差值比较

	SD1（ms）	SD2（ms）
正常组	28.56 ± 11.85	53.74 ± 16.26
超重组	22.22 ± 11.62	46.69 ± 17.15
肥胖组	19.10 ± 11.80	41.741 ± 15.05

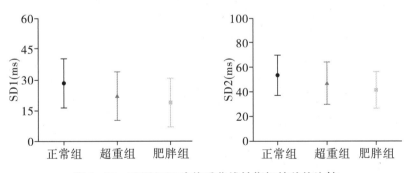

图 3-19　不同组运动前后非线性指标的差值比较

从表 3-20 和图 3-20 可以看出：正常组、超重组和肥胖组在运动前后 HRV 非线性指标 SDNN、RMSSD 的差值相比较，正常组的 SD1 和 SD2 的差值均大于超重组和肥胖组，肥胖组最低，但三组间的非线性指标差值均无显著性差异（$p > 0.05$）。

第四节

不同组的无氧运动能力及疲劳指数测试结果

一、不同组的无氧运动能力测试结果

不同组别的大学生受试者在进行 Wingate 无氧功率自行车的测试（30s），记录偏瘦组、正常组和超重组的最大功率和平均功率值，并通过公式推算出最小功率值与疲劳指数。

不同组的无氧运动能力及疲劳指数测试结果测试结果见表 3-21 和图 3-20。

表 3-21 不同组的无氧运动能力及疲劳指数测试结果

	正常组	超重组	肥胖组
平均功率（W）	473.3 ± 61.57	543.3 ± 57.91	402.5 ± 31.85
最大功率（W）	604.5 ± 89.69	689.6 ± 80.63	587.5 ± 67.24
最小功率（W）	342.1 ± 62.12	397.2 ± 67.41	217.5 ± 87.89
疲劳指数（%）	42.64 ± 10.72	41.69 ± 9.92	61.42 ± 18.26

平均功率（Average Power，AP）测试结果：正常组与肥胖组相比，正常组 AP 明显高于肥胖组，呈显著性差异（$p < 0.01$）；正常组与超重组相比，超重组的 AP 值高于正常组，呈显著性差

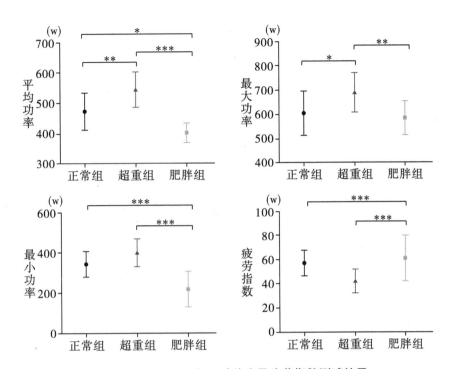

图 3-20　不同组无氧运动能力及疲劳指数测试结果

注：*代表所标记组别间对比，$p < 0.05$ 有差异；**代表所标记的组别间对比，$p < 0.01$ 显著性差异；***代表所标记的组别间对比，$p < 0.001$ 极具显著性差异。

异（$p < 0.01$）；超重组与肥胖组相比，超重组 AP 值明显高于肥胖组，呈极显著性差异（$p < 0.001$）。

最大功率（Peak Power，PP）测试结果：正常组与肥胖组相比，正常组 PP 明显高于肥胖组，PP 值无显著性差异（$p > 0.05$）；正常组与超重组相比，超重组的 PP 值高于正常组，有差异性（$p < 0.05$）；超重组与肥胖组相比，超重组 PP 值明显高于肥胖组，呈显著性差异（$p < 0.01$）。

最小功率（Min Power，MP）测试结果：正常组与肥胖组相比，正常组 MP 明显高于肥胖组，呈极显著性差异（$p < 0.001$）；正常组与超重组相比，MP 值无显著性差异（$p > 0.05$）；超重组与

肥胖组相比，超重组 MP 值明显高于肥胖组，呈极显著性差异
（$p < 0.001$）。

二、不同组的无氧运动疲劳指数

疲劳指数 (Power Drop，PD) 测试结果：正常组与肥胖组相比，
正常组 PD 明显低于肥胖组，呈显著性差异（$p < 0.01$）；正常组
与超重组相比，PD 值无显著性差异（$p > 0.05$）；超重组与肥胖
组相比，超重组 PD 值明显低于肥胖组，呈显著性差异（$p < 0.01$）。

第五节
Wingate 测试前后 HRV 指标与 BMI 的相关性分析

一、测试前 HRV 指标与 BMI 的相关性分析

测试前 HRV 指标与 BMI 的相关性见表 3-22。

表 3-22 反映的是测试者在 Wingate 测试前，安静状态下
5minHRV 指标与 BMI 值之间的相关性，受试者在运动前 5min
时域指标 SDNN、RMSSD 与 BMI 之间存在非常显著负相关
（$p < 0.01$）；时域指标 LF 与 BMI 之间呈显著正相关（$p < 0.05$），
HF 与 BMI 间呈显著负相关（$p < 0.05$），LF/HF 与 BMI 间存
在非常显著正相关（$p < 0.01$）；非线性指标 SD1、SD2 与 BMI

之间均存在显著负相关（$p < 0.05$）。运动前 5minHRV 时域指标和 BMI 关系见图 3-21。

表 3-22　Wingate 测试前 HRV 指标与受试者 BMI 的相关性统计（N=42）

HRV 指标	BMI	
时域指标	r	p
SDNN（ms）	−0.405**	0.0078
RMSSD（ms）	−0.378**	0.0136
频域指标		
LF（ms^2）	0.348*	0.024
HF（ms^2）	−0.345*	0.0254
LF/HF（%）	0.479**	0.0013
非线性指标		
SD1（ms）	−0.335*	0.0303
SD2（ms）	−0.328*	0.0342

注：* 表示 $p < 0.05$，具有显著性相关，** 表示 $p < 0.01$，具有极显著性差异。

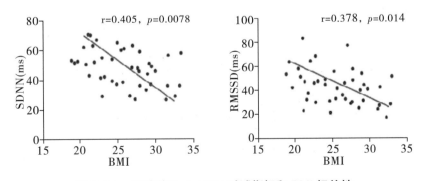

图 3-21　运动前 5minHRV 时域指标和 BMI 相关性

运动前 5min 频域指标与 BMI 的关系见图 3-22。

运动前 5min 非线性指标与 BMI 的关系见图 3-23。

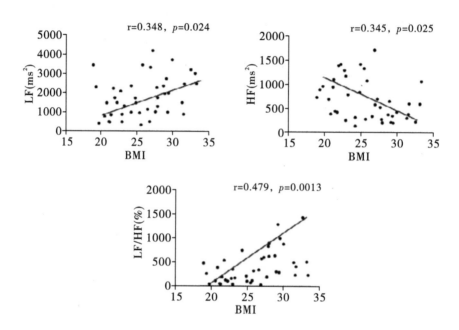

图 3-22　运动前 5min 频域指标与 BMI 相关性

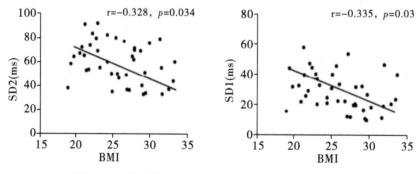

图 3-23　运动前 5min 非线性指标与 BMI 的相关性

二、测试后 HRV 指标与 BMI 的相关性分析

测试后 HRV 指标与 BMI 的关系见表 3-23。

表 3-23　Wingate 测试后 HRV 指标与受试者 BMI 的相关性统计（N=42）

HRV 指标	BMI	
时域指标	r	p
SDNN（ms）	−0.339*	0.028
RMSSD（ms）	−0.363*	0.018
频域指标		
LF（ms^2）	0.323*	0.037
HF（ms^2）	−0.397**	0.0092
LF/HF（%）	0.33*	0.033
非线性指标		
SD1（ms）	−0.325*	0.036
SD2（ms）	−0.453**	0.0026

注：* 表示 $p < 0.05$，具有显著性相关，** 表示 $p < 0.01$，具有极显著性相关。

表 3-23 反映的是测试者在 Wingate 测试后，5minHRV 指标与 BMI 值之间的相关性，受试者在运动后 5min 时域指标 SDNN、RMSSD 与 BMI 之间均呈显著负相关（$p < 0.05$）；时域指标 LF 与 BMI 之间存在显著正相关（$p < 0.05$），HF 与 BMI 之间存在极显著负相关（$p < 0.001$），LF/HF 与 BMI 之间存在显著正相关（$p < 0.05$）；非线性指标 SD1 与 BMI 之间存在显著负相关（$p < 0.05$），SD2 与 BMI 之间存在极显著负相关（$p < 0.05$）。

运动后时域指标与 BMI 的关系见图 3-24。

运动后频域指标与 BMI 的关系见图 3-25。

运动后 5min 非线性指标与 BMI 的关系见图 3-26。

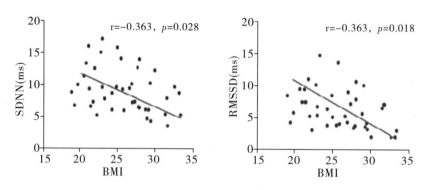

图 3-24　运动后时域指标与 BMI 的相关性

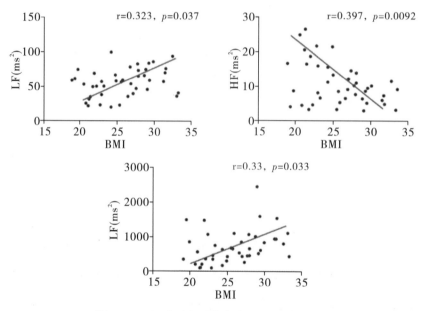

图 3-25　运动后频域指标与 BMI 的相关性

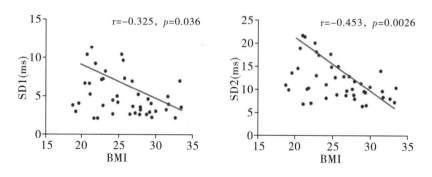

图 3-26　运动后 5min 非线性指标与 BMI 相关性

第三章
讨论与分析

第一节

不同组在 Wingate 测试前后 HRV 指标的变化特征分析

对于运动前后 HRV 指标的变化，许多研究有着不同观点和结论，并且在运动后不同时间段与运动前进行了对比，都有着不一样的结果，导致这些不一致的原因，可能是运动方式、运动时间、运动环境等的差异；也有可能是受试者自身的原因导致，例如：年龄、性别、胖瘦程度、运动能力等因素的影响。无论是运动方式和时间、还是受试者自身因素的影响，导致运动前后 HRV 指标的差异，但相应的运动一定会对 HRV 产生短暂的影响。自主神经系统调节功能主要是通过交感神经和迷走神经的升降来表现出来的，一般来说，当 HRV 下降时，代表自主神经系统的调节功能受到抑制。有研究发现，运动过程中 HRV 的水平会随着运动的持续而降低，运动后即刻时域等相关指标会降到较低水平。本次实验发现，三组在无氧运动后即刻心率变异性都出现了显著降低。

Buchheit 等[55]对短跑运动员进行 15s 冲刺以及高强度间歇运

动，测试运动后 10minHRV 指标，研究发现在运动后 HRV 总体
水平降低，时域指标 RMSSD 下降最明显，表明机体副交感神经
活性在无氧运动后遭到了损伤。谢友军研究赛艇运动员在一次力
竭运动后 HRV 指标的变化，发现一次力竭运动后 5min 运动员的
HRV 呈显著降低。Hunt 等以 21 名健康男性青年为研究对象，探
索不同运动强度和时间的 HRV 变化特征，研究发现受试者在安
静状态下、中等运动强度、剧烈运动不同状态下表现出巨大的差
异，ULF 和 VLF 随着运动强度的上升而不断下降。黄彩华等研究
一次散打比赛对自主神经系统的影响，研究发现在散打比赛后时
域指标 SDNN、RMSSD、PNN50 均显著性下降（$p < 0.05$），频
域指标 LF 呈极显著性下降（$p < 0.01$），LF/HF 却显著上升（$p <
0.05$），在散打比赛后交感神经和迷走神经活性均降低，并与比
赛的负荷强度有关系。Niewiadomski 等[58]测试短时的无氧运动对
受试者 HRV 的变化情况，研究发现运动结束 1h 后 LF、HF 仍处
于抑制状态，表明极限强度运动对交感和副交感神经活性抑制很
强。Barak 等[59]对实验对象进行一次 5min 高强度骑行运动，并
且采用 3 种不同的测量体位进行 HRV 测试，研究发现在一次高
强度运动后 15min，测试对象的 HRV 时域和频域指标值均与运动
前存在较大的差异。宋淑华[54]等研究了 12 名中长跑运动员在递
增运动中 HRV 指标的变化，研究表明，一次急性递增负荷运动
会导致 HRV 下降，时域和频域相关指标下降，交感和迷走神经
均衡性被破坏，且 12min 内没有恢复。戴海伦[67]研究了有训练
者和无训练者在安静状态与中等强度运动下心率变异性的变化特
点，发现在安静状态下 HRV 指标呈显著性差异（$p < 0.05$），在

运动中和运动后 HRV 的总体水平、自主神经系统功能持续下降，且在运动后 10min 内下降的幅度最大并降到最低，在运动后 23h 才完全恢复到运动前水平。Barrero 等[68] 对 10 名自行车运动员运动过程中 HRV 进行了分析，发现在运动初期 LF/HF 显著增加，且在运动过程中 LF/HF 始终大于 1。Masakov 等研究发现机体达到无氧阈强度 HRV 降低，从而分析出 HRV 与无氧阈存在明显的相关性。通过以上的研究可以看出，不同强度的运动的确会对自主神经系统造成不同程度的影响，运动后机体的心率变异性出现巨大的差异，本次研究结果也与上述研究相符合。

本次研究发现，不同三组大学生在无氧运动后即刻时域指标 SDNN、RMSSD 在运动后均比安静情况下明显降低，说明在运动后即刻自主神经系统功能的整体水平下降，迷走神经张力也下降，三组相比较而言，肥胖组在运动后时域指标下降到更低水平，超重组其次，正常组最高。三组间的频域指标 LF、HF 在运动前后的变化相一致，均比运动前明显下降，说明在运动后三组受试者的交感神经张力、交感神经和迷走神经的共同水平下降，三组间肥胖组的 LF 值仍保持最高、超重组居中、正常组较低，说明在运动后肥胖组的交感神经活性仍处于最高水平，正常组最低；HF 值仍然是正常组最高、超重组居中、肥胖组较低，说明运动后正常组迷走神经活性水平仍保持较高，肥胖组最低。而 LF/HF 值则有所不同，三组在运动后 LF/HF 值均出现上升，但肥胖组和超重组运动前后没有显著性差异，无统计学意义（$p > 0.05$），正常组在运动前后 LF/HF 值有呈显著性差异（$p < 0.01$）；这说明肥胖组与超重组在运动前后交

感神经和迷走神经的均衡性没有出现较大的变化，而正常组在运动前后却出现了较大的差异，表示正常组在无氧运动后即刻交感神经活性占据了主导地位，迷走神经活性降低，无氧运动破坏了交感和迷走神经的平衡性，说明正常组在无氧运动后自主神经的调节能力也下降很快。从正常组 LF/HF 值的变化可以看出，不同组别在运动后自主神经功能都会出现严重的失衡，很可能发生心率猝死现象，所以造成心源性猝死的原因不仅仅是因为肥胖的原因，还有可能是运动能力和运动习惯的原因。

第二节
不同组在 Wingate 测试前后 HRV 指标的差异分析

该研究采用的是短时 5minHRV 数据分析法，在采集过程中尽量避免各种影响自主神经活动的因素，诸如室内温度、环境噪音、情绪波动等，使测得的 HRV 结果更加准确的反映自主神经活动情况。本次研究发现无论是在安静状态下还是在无氧运动后即刻，肥胖组与正常组大学生的 HRV 指标都有较大的差异，正常组的心率变异性均高于超重组和肥胖组，而超重组的心率变异性又高于肥胖组，由此可见，肥胖已经影响到了心率变异性的变化。有研究证实肥胖人群心率变异性降低，且患心血管疾病、呼吸病、冠心病等风险增大。

研究发现，安静时个体具备较高的自主神经活动水平和平衡性，可以有效降低机体患心血管疾病的风险。HRV 可以有效地反映机体自主神经功能状态，尤其是交感神经和迷走神经张力和平衡性，监测不同身体质量指数大学生在运动前后 HRV 指标差异，可以观察运动引起机体自主神经的变化，分析 HRV 数据信息有利于帮助超重和肥胖组大学生引起重视，明白肥胖对身体带来的危害，从而加强锻炼控制饮食，达到较为健康的体质。

一、不同组在 Wingate 测试前 HRV 指标的差异分析

在 HRV 时域指标中，SDNN 可以较全面地反映自主神经系统的功能；RMSSD 反映迷走神经的活性水平，指标值越高则迷走神经神经活性水平越高，并对心脏产生正面的作用。HRV 频域指标中，HF 主要反映了迷走神经的活动水平，LF 主要反映的交感神经随总功率的变化而产生的调节作用，LF / HF 反映的是交感神经和迷走神经协同作用，LF/HF 值越大，表明交感神经活动优势，反之则迷走神经张力占据主导。SD1 表示迷走神经对心脏的调节，SD2 则代表迷走神经和交感神经对心脏的综合调节作用。

通过查阅相关文献和研究发现，不同年龄、性别、健康状况的人群，身体质量指数对心率变异性的影响也不尽相同，存在着细微的差异，但大部分研究有着极大的共同点，就是肥胖会导致交感神经活性增强，副交感神经活性减弱，并且会破坏它们之间的平衡性，影响到自主神经功能活性。杨秋萍等对超重及肥胖患者心率变异性进行 24h 监测，结果显示都低于正常人，超重主要破坏迷走神经功能，肥胖主要影响交感神经功能。刘凌等观察不

同身体质量指数（BMI）人群在安静状态下心率变异性（HRV）的特点，与正常组相比，仅有肥胖组的 HRV 值出现显著差异，具体表现为 SDNN、RMSSD 显著下降，HFn.u 显著下降，VLF、LFn.u 和 LF/HF 显著上升。关明玉等[76]研究安静状态下肥胖儿童心率变异性的特征，发现肥胖儿童组心率变异性低于非肥胖儿童组，迷走神经功能降低，其中 SDNN、RMSSD、LF、HF 在两组间有显著性差异。陈海秋研究正常、超重和肥胖青少年在不同运动负荷下 HRV 的变化，研究发现，在安静状态下肥胖组青少年的心率变异性较低，超重和肥胖组青少年自主神经的均衡性也发生了改变，与正常组相比，交感神经活性增加，迷走神经降低。Bixler 等比较 BMI、体重、身高百分位数和腰围对 HRV 指数的影响程度，发现体重与 HRV 的相关最强，儿童期肥胖与较低的 HRV 显著相关，提示交感神经溢出不受副交感神经调节的排斥。因此，从以往的研究中可以看出，不同的性别和年龄会对 HRV 指标产生一定的影响，但总的来说，肥胖在安静状态下已经影响了机体的自主神经活性，主要表现在 HRV 的降低。

本次研究发现，在安静状态下，时域指标 SDNN 和 RMSSD 测试结果为：正常组＞超重组＞肥胖组，肥胖组与正常组相比，有差异性（$p < 0.05$）；超重组与正常组、肥胖组间无显著性差异（$p > 0.05$）。表明肥胖组的自主神经整体功能下降。频域指标 LF 和 LF/HF 测试结果为：肥胖组＞超重组＞正常组，肥胖组和正常组间呈显著性差异（$p < 0.01$），超重组与肥胖组、正常组间无显著性差异（$p > 0.05$）。说明在安静状态下，肥胖组的交感神经活性增强，LF 成分大幅增加，HF 成分降低，交感神经张力占主导地位，迷走神经的张力逐次降低，导致交感神经和迷走神经的均衡性受到巨大影响而发生改变。有研究表明，HRV 时域指标 SDNN 的降低表示交感神经的张力增加，时域指标 RMSSD 和频域指标 HF 的减少表示迷走神经的张力受到抑制。迷走神经张力增强时，HRV 升高；交感神经张力增强时，HRV 降低；这与上述研究结果相一致。非线性指标 SD1 与 SD2 测试结果为：正常组＞超重组＞肥胖组，正常组与肥胖组相比，有差异性（$p < 0.05$）；超重组与正常组、肥胖组间均无显著性差异（$p > 0.05$）。从不同组在安静状态下 HRV 值标的差异可以看出，肥胖组在安静状态下自主神经整合功能下降，迷走神经和交感神经的张力水平和平衡性出现异常。这与之前的研究结果较为一致，肥胖导致了机体在安静状态下心率变异性的改变。

二、不同组在 Wingate 测试后 HRV 指标的差异分析

已有研究表明，不论在哪种运动方式后，机体都表现为自主神经的活性降低，但伴随着肥胖程度的不同，肥胖人群在运动后即刻自主神经的失衡现象更加明显，交感神经活性加强占据主导地位。朱蔚莉等研究观察肥胖青年男性急性有氧运动后心率变异性的变化，发现肥胖青年男子在急性运动结束后 15min 时，交感神经活性增加占据优势，副交感神经活性减弱，HRV 出现抑制。陈海秋研究在递增负荷运动后，肥胖、超重和正常组青少年心率变异性的变化特点，研究发现在不同运动负荷下，肥胖和超重组青少年自主神经整体调节能力低于正常组，存在运动后被抑制的情况，容易出现运动风险。马磊等在研究中也得出相似的结论。

本次研究发现，在定量无氧运动后即刻，不同组 HRV 指标的差异，与安静状态下的测试结果相类似。表明在无氧运动后即刻，肥胖组的自主神经整体调节功能障碍最明显，迷走神经活性最低，交感神经的活动占据主导地位。在无氧运动后超重组的频域指标 LF/HF 与肥胖组相比，超重组大于肥胖组，存在显著性差异（$p < 0.05$），说明 LF 的成分增加，HF 的成分减少，表明超重组在无氧运动后的迷走神经和交感神经的均衡性强于肥胖组，肥胖组是交感神经活动占据的优势更为明显。这表明超重组在无氧运动后迷走神经的张力水平高于肥胖组，表现出了较好的调节能力，也表明随着肥胖程度的增加，会加剧自主神经系统的紊乱。

第三节
不同组无氧运动能力的比较与分析

无氧运动能力，指的是人体在运动过程中无氧供能系统（ATP-CP 系统，磷酸原系统）持续工作的能力。有研究表明，无氧功率能够很好的反映受试者的无氧运动能力，Wingate 测试能较清晰的表明受试者绝对力量，爆发力和耐力力量水平。通过查阅资料得知，最大功率：是机体在短时间内产生最大能量的能力，主要由 ATP-CP 系统供能；最大功率与爆发力紧密相关，受试者的最大功率越高，则侧面能说明爆发力越好。平均功率：平均无氧功率是在 30SWingate 测试中受试者输出功率的平均值，反映肌肉维持高强度的耐力水平，大小主要由 ATP-CP 系统和糖酵解系统的功率决定，可判断出机体肌肉持续高功率输出的整体水平。它的值越大，说明受试者无氧供能系统越强，抗乳酸能力强。疲劳指数：也称功率递减率，反映机体在无氧运动情况下保持高功率输出的能力。功率衰减率能够很好的体现最大功率的下降情况，可以看出受试者长时间保持速度的耐力水平。

本次研究发现：通过对不同身体质量指数大学生在 Wingate 测试中的表现，三组大学生无氧运动能力表现有很大的差异。对于平均功率而言，测试结果为超重组＞正常组＞肥胖组，且差异有统计学意义（$p < 0.05$），说明超重组 ATP-CP 系统和糖酵解系统的供能功率最好，具有较好的速度耐力和抗乳酸能力；正常组的最大功率值处于两者之间，说明正常组相对于超重而言，没有超重组那样好的无氧供能功率水平，速度耐力和抗乳酸能力较低；肥胖组相对于两组来说，平均功率值最低，说明肥胖组大学生速度耐力和抗乳酸能力最差。对于最大功率而言，测试结果是超重组＞正常组＞肥胖组，正常组略高于肥胖组，无统计学意义（$p > 0.05$），其余组间均具有统计学意义（$p < 0.05$），说明就三组大学生测试来说，超重组大学生的 ATP-CP 系统的供能能力最高，爆发力最好；正常组的最大功率值处于两组之间，相对于两组而言，正常组的 ATP-CP 系统的供能能力和爆发力较好。而肥胖组的最大功率值最低，说明肥胖组大学生的 ATP-CP 系统的供能能力和爆发力表现最差。对于疲劳指数而言，计算结果为肥胖组＞正常组＞超重组，肥胖组与两组间均呈显著性差异

（$p < 0.01$），疲劳指数需要与最大功率、平均功率结合进行分析。在更高的最大功率、平均功率情况下，运动员的疲劳指数较低，说明功率下降较小，机体做功能力较强。超重组大学生疲劳指数最低，并且超重组的平均功率、最大功率同样也最高，说明在无氧运动中可以保持较高的功率输出；正常组的疲劳指数和超重组相近，但是正常组的最大功率和平均功率值也都小于超重组，表明正常组在无氧运动中的功率输出能力还是低于超重组；肥胖组的疲劳指数最大，且最大功率和平均功率值都是最小，表明肥胖组在无氧运动过程中的功率输出能力最差；可以看出，在无氧运动过程中超重组持续高功率输出能力要强于正常组，机体做功能力最强。

综上可以看出，肥胖也会影响到机体的无氧运动能力，造成无氧运动能力减弱；但是超重组在无氧运动过程中的表现最好，最大输出功率和平均功率值最高，即爆发力和耐力水平优于正常组和肥胖组，这也说明了肥胖需要达到一定程度后才会影响机体的无氧运动能力。

第四节

不同组在 Wingate 测试前后 HRV 指标与 BMI 的相关性分析

一、不同组在 Wingate 测试前 HRV 指标与 BMI 相关性

影响 HRV 指标的因素存在很多，可能是因为体脂肪、血压、身体质量指数、身体状况等，通过查阅相关资料，发现很多分析心率变异性与不同指标的相关性，发现肥胖的确与 HRV 之间存在直接相关关系。Imtiaz A 等研究发现心率变异性的时域和频域测量平均值随着 BMI 的增加而降低，但组间比较无统计学意义。频域指数除了 LF/HF 与身体质量指数呈负相关，我们发现参数其余都呈正相关。通过查阅资料发现，不同的年龄、性别在分析肥胖程度与心率变异性相关性时，存在着细微的差异。张京杨等分析肥胖儿童心率变异性与血脂代谢、脂肪细胞含量的相关关系，研究发现肥胖儿童心率变异性与两者存在直接相关关系，儿童心功能异常很大部分原因是过程肥胖所致。姜晓宇等探讨 55 岁以上健康成年人 HRV 时域指标与 BMI 之间的关系，结论显示，BMI 值越大 HRV 时域指标越低，其中 SDNN 值下降最明显。李泽林对 152 例男性进行 24 小时内监测心率变异性时域指标变化，结果显示，心率变异性受身体质量指数的变化而发生改变，频域指

标 LF、HF 和 LF/HF 与身体质量指数呈显著负相关关系（$p < 0.05$）。李雯雯等以肥胖高血压患者为研究对象，研究胰岛素抵抗（IR）与 HRV 间的相关性，发现 IR 与 HRV 间存在一定的关系，IR 者 HRV 更加紊乱，更易加重心血管系统发病的风险。Koenig J 发现交感神经和迷走神经的平衡与非肥胖健康个体 BMI 有关。J. Acker 对 92 名精神健康者（年龄 16~89，BMI 从 17~38），进行了 24 小时 HRV 监测，发现随着 BMI 的增加，SDNN 显著降低，副交感神经活性出现异常。

为探究在安静状态下肥胖大学生 HRV 异常与具体肥胖程度的关系，本研究对 HRV 相关指标与身体质量指数进行相关性分析，研究发现，HRV 各项指标均与身体质量指数间存在直接相关性。HRV 时域指标 SDNN、RMSSD 与身体质量指数呈极显著负相关关系（$p < 0.01$），表明随着 BMI 指数的上升，机体的自主神经水平活性也随之降低，迷走神经活性降低。频域指标 LF、LF/HF 与身体质量指数呈显著正相关关系（$p < 0.05$），而 HF 和非线性指标（SD1、SD2）与身体质量指数呈负相关关系（$p < 0.05$）。这与前人研究保持一致，表明随着 BMI 指数的增加，肥胖人群的交感神经活性增加，迷走神经活性减弱，并且它们之间的平衡变得不稳定，也就提高了肥胖人群患心血管疾病的风险，表明身体质量指数与自主神经功能障碍有显著相关性。

二、不同组在 Wingate 测试后 HRV 指标与 BMI 相关性

在定量无氧运动后，在进行分析 HRV 相关指标与 BMI 相关性时，发现与安静状态下的分析结果类似，时域指标（SDNN、

RMSSD）与身体质量指数的相关性降低（$p < 0.05$），但总体趋势不变，这表明在无氧运动后的恢复期间，三组不同组大学生间的自主神经存在较大的差异。超重组在无氧运动后频域指标 LF/HF 与肥胖组相比较出现了差异，表明超重组在无氧运动后的迷走神经和交感神经的均衡性强于肥胖组，肥胖组依旧是交感神经活动占据优势。这表明超重组在无氧运动后迷走神经的张力水平高于肥胖组，表现出了较好的调节能力，也表明随着肥胖程度的增加，会加剧自主神经系统的紊乱。

第四章
结论与建议

第一节
结　论

本研究通过分析比较不同身体质量指数大学生在无氧运动前后 HRV、无氧运动能力测试结果、分析 BMI 指数与 HRV 指标的相关性，总结以下几条结论：

1. 在安静状态下，不同组大学生的心率变异性有较大差异，主要表现在肥胖组的 HRV 指标明显低于正常组，肥胖组的心交感神经活性明显高于正常组，副交感神经活性明显降低，影响了交感和迷走神经的平衡性。

2. 不同组在运动前后心率变异性指标均表现出较大的差异，说明在无氧运动后即刻，三组受试者的自主神经功能均受到了一定程度的破坏。

3. 胖和超重组大学生的心率变异性都比正常组降低，肥胖程度会影响到交感和迷走神经的平衡性，从而进一步加重了心血管疾病发生的概率。

4. 肥胖大学生的无氧运动能力较正常和超重组大学生较低，超重组在无氧运动中表现的最好。

5. 心率变异性与身体质量指数间存在极强的相关性，随着

BMI 的增加，HRV 降低，交感神经活性占据优势，交感神经和副交感神经的平衡性也出现紊乱。

第二节

建　议

肥胖对人体的自主神经功能和运动能力都造成了一定程度的负面影响，在运动前后都表能够体现出来，致使容易出现运动猝死和心血管疾病的发生，影响了当代大学生的身心健康，长期发展下去可能会影响到学习和生活，无法实现培养目标。学生的肥胖问题本来就是当今社会的热门话题，对学生自身而言，一定要引起足够的重视，积极参加体育运动，提高自身的运动能力，提高身体的健康指数，成为新时代合格的大学生。对于学校院系方面而言，建议增加课外体育活动时间，开展相关社团，鼓励学生积极的参与进来，培养学生的运动习惯，能够有效地控制肥胖带来的身体危害。

参考文献

[1] Barak O F, Jakovljevic D G, Popadic Gacesa J Z,et al.Heart rate variability before and after cycle exercise in relation to different body positions[J]. J Sports Sci Med, 2010, 9(12): 176-182.

[2] 黄彩华, 归予恒, 张漓, 等 . 男子散打运动员教学比赛前后心率变异性变化分析 [J]. 中国运动医学志 , 2011, 30(12): 1138-1142.

[3] 黄传业, 田野, 聂金雷. 少年和成年业余长跑运动员急性耐力运动后心脏自主神经恢复观察研究 [J]. 体育科学, 2012, 32(9): 11-16.

[4] 宋涛. 24 式太极拳运动前、中、后 HRV 的变化特征 [J]. 中国体育科技, 2016, 52(1): 78-83+112.

[5] Sumi K. Heart rate variability during high-intensity field exercise in female distance runners.[J]. Scandinavian journal of medicine & science in sports, 2006, 16(5): 314-320.

[6] 谢友军. 赛艇运动员一次性力竭运动后心率变异性变化与最大摄氧量关系的研究 [D]. 上海体育学院, 2021.

[7] Hunt K J, Saengsuwan J. Changes in heart rate variability with respect to exercise intensity and time during treadmill running[J]. Biomed Eng Online, 2018, 17(1): 128.

[8] David A. Heart rate variability before and aftre cycle exercise in relation to different body posttons[J].Journal of Sports Science and Medicine, 2010, 9(2): 176-182.

[9] 戴海伦. 有训练者和无训练者安静状态与中等强度运动状态心率变异性特征研究 [D]. 浙江师范大学, 2020.

[10] Barrero A, Schnell F, Carrault G, et al. Daily fatigue-recovery balance monitoringwith heart rate variability in well-trained female cyclists on the Tour de Francecircuit[J]. PLo S One, 2019, 14(3): e0213472.

[11] Masakov L V, Larionov V B. APPARATUS AND METHOD FOR NON-INVASIVE MEASUREMENT OF CURRENT FUNCTIONAL STATE AND ADAPTIVE RESPONSE IN HUMANS[J]. 2003.

[12] 高晓津, 杨进刚, 杨跃进, 等. 中国急性心肌梗死患者心血管危险因素分析 [J]. 中国循环杂志, 2015, 30(3): 206-210.

[13] Arto J, Hautala, Antti M.Tulppo. Individual responses to aerobic exercise: The role of the autonomic nervous system[J]. Neuroscience and Biobehavioral Reviews, 2008, 33(2): 107-115.

[14] Daniela Lucini et al. Effects of cardiac rehabilitation and exercise training on autonomic regulation in patients with coronary artery

disease[J]. American Heart Journal, 2002, 143(6): 977-983.

[15] Imtiaz Ali and Vikram Gowda. Correlation of BMI to HRV in Young Healthy MaleSubjects[J]. International Journal of Physiology, 2016, 4(2): 184-189.

[16] 杨秋萍, 张溪, 韩睿, 等. 肥胖程度对心率变异性的影响 [J]. 中国临床康复, 2006(48): 25-27.

[17] 刘凌, 陈俊飞, 艾磊, 等. 不同身体质量指数 (BMI) 人群心率变异性 (HRV) 特征分析及健身价值探讨 [C]//2014 年中国运动生理生化学术会议论文集. 2014: 69.

[18] 关玉明, 桂永浩, 范文才, 等. 肥胖儿童心率变异性分析 [J]. 临床儿科杂志, 2004(06): 389-391.

[19] Rodríguez-Colón SM, Bixler EO et al. Obesity is associated with impaired cardiac autonomic modulation in children. Int J Pediatr Obes. 2011; 6(2): 128-134.

[20] 张鑫, 赵一秀, 孙延宏, 等. 缓慢性心律失常发病机制研究进展 [J]. 生理科学进展, 2016, 47(2): 135-138.

[21] 朱蔚莉, 甘运标, 朱一力, 等. 急性有氧运动短时抑制肥胖青年男性心率变异性 [J]. 中国运动医学杂志, 2009, 28(1): 17-19.

[22] 陈海秋. 递增运动负荷后肥胖青少年心脏自主神经功能的研究 [A]. 中国体育科学学会 (China Sport Science Society). 第九届全国体育科学大会论文摘要汇编 (3)[C]. 中国体育科学学会 (China Sport Science Society): 中国体育科学学会, 2011: 2012.

[23] 马磊, 黄文英, 程其练. 心脏定量负荷试验对不同人群中老年女性心率变异性的影响 [J]. 体育科学, 2008, 28(12): 50-55.

[24] 郭娇龙. Wingate 实验中无氧功率与肌电相关性研究 [D]. 西安体育学院, 2016.

[25] Imtiaz Ali and Vikram Gowda. Correlation of BMI to HRV in Young HealthyMaleSubjects[J]. International Journal of Physiology, 2016, 4(2) : 184-189.

[26] 张京杨, 曹晓晓, 文红霞, 等. 肥胖儿童心率变异特征与血脂代谢、脂肪细胞因子含量的相关性分析 [J]. 中国现代医学杂志, 2017, 27(18): 79-82.

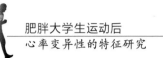

[27] 李雯雯, 陈座文. 肥胖高血压患者胰岛素抵抗、心率变异性及相关性 [J]. 中国老年学杂志, 2021, 41(5): 924-926.

[28] Koenig J et al. Body mass index is related to autonomic nervous system activity as measured by heart rate variability-a replication using short term measurements.[J]. The journal of nutrition, health & aging, 2014, 18(3): 300-302.

[29] Acker J, Kaschka W P, Topf. G. 24 hour-HRV in relation with weight and BMI in 92 mentally healthy probands[J]. European Psychiatry, 2002, 17(S1): 173-173.

附　录

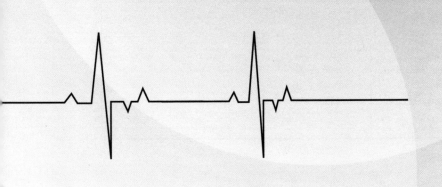

附录一：

基本情况调查表

编号：

日期：

姓名		性别		出生日期	
民族		班级		专业	
联系方式					
邮件地址					
联系地址					
身体状况					
利手（左 / 右 / 双）					
裸眼视力或校正视力（左 / 右）					
近期是否有病症（1月内）					
近期是否有药（1月内）					
有无躯体疾病					
有无酒精依赖					
有无精神病史					
有无家族病史					
有无家族精神病史					

附录二：

主观体力感觉等级量表（RPE）等级与心率对应表

主观感觉	RPE 等级	心率（次 / 分）
根本不费力	6	60
极其轻松	7	70
	8	80
很轻松	9	90
轻松	10	100
	11	110
有点吃力	12	120
	13	130
	14	140
吃力	15	150
非常吃力	16	160
	17	170
	18	180
极其吃力	19	190
力竭	20	200

附录三：

受害者知情同意书

尊敬的受试者：

您将参加一项科研实验。本须知提供给您一些信息以帮助您决定是否参与此次实验。请您仔细阅读，如有疑问请向负责该实验的研究者提出。您参与的本项实验是自愿的。本次研究已通过本研究机构伦理审查委员会审查。

实验目的：不同体质指数的大学生在 Ellestad A 方案中心率变异性的变化。

实验对象：身体健康，视力正常或者矫正后正常，无心脏病史、精神病史、家族病史等。

实验过程：如果您同意参与这项实验，实验中您需要在左胸部心脏位置佩戴心率带（胸前佩戴约 40 分钟），在手腕处佩戴 Polar 表，您需要在运动跑台上进行 12 分钟递增负荷运动。所有身体皮肤接触仪器部分会使用 75% 医用酒精消毒。

风险与不适：采集数据所用设备均已消毒，且对皮肤无副作用。数据采集过程中，对身体无严重伤害或重大影响，如有不适您可随时提出终止实验。

您运动中以及运动前后的心电信号将会被采集，仅作为实验研究内容，信息私密绝无外泄。

您可随时了解与本研究有关的信息资料和研究进展，如果您有与本研究相关的问题，或者您在实验过程中发生了任何不适与损伤，或与关于本研究参加者权益方面的问题您可以随时反馈或联系研究人员。非常感谢您的参与和支持！

受试者声明

　　我已阅读了本知情同意书，且已与本实验的研究者详细讨论并了解本项的目的、对象、过程、风险。并仔细阅读以上有关说明后，经过充分时间的考虑，我自愿成为此项研究的受试者，积极配合研究人员进行本项实验。

受试者签名：

联系电话：

日期：

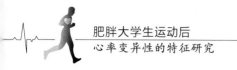
附录四：

身体活动准备问卷（PAR-Q）

请仔细阅读以下问题，本问卷只需您在题号后填"是"或"否"。

（1）医生是否告诉过你患有心脏病并仅能参加医生推荐的

活动_____

（2）当您进行体力活动时是否感觉胸痛_____

（3）自上个月来，您是否在没有体力活动的时候有胸痛

_____

（4）您是否因为头晕跌倒或失去知觉_____

（5）您是否因为体力活动变化而加重骨或关节问题_____

（6）近来医生是否因为您的血压或心脏问题给您开药_____

（7）您是否知道一些你不能进行体力活动的其他原因_____

附录五:

缩略词表

英文缩写	英文全称	中文全称
ANS	autonomic nervous system	自主神经功能
AP	min pPower	最小无氧功率
ATP	adenosine triphosphate	三磷酸腺苷
BMI	body mass index	身体质量指数
HRV	heart rate variability	心率变异性
HR	heart rate	心率
HF	high frequency	高频段
LF	low frequency	低频段
LF/HF	low frequency /high frequency	低频段与高频段之比
MP	average pPower	平均无氧功率
PD	power drop	无氧功率递减率
PNN50		RR 间期的标准差 RR50 除以总数的 RR 间期个数 再乘 100%
PNS	parasympathetic nerve	副交感神经
PP	peak power	最大无氧功率
RMSSD	root mean square successive difference	相邻 RR 间期差值的均方根
RPE	ratings of perceived exerition	主观疲劳评估表

英文缩写	英文全称	中文全称
SD1	the standard deviation of the short-team variability in Poincare plot	Poincare 散点图短轴
SD2	the standard deviation of the long-team variability in Poincare plot	Poincare 散点图长轴
SDNN	standard deviation of normal to-normal intervals	RR 间期的总体标准差
SNS	sympathetic nerve	交感神经
VLF	very low frequency	极低频功率
VO_2max	maximal oxygen consumption	最大摄氧量